Marcos Witt es uno de los más destacados pastores y líderes de la iglesia de hoy y me siento privilegiado de poder considerarme su amigo. Su humildad, sentido del humor y genuino amor por la gente son una verdadera inspiración para quienes estamos en el ministerio. Marcos tiene un don especial para comunicar verdades prácticas con sencillez, y también para hacerlo con el aroma de la misericordia de Jesús. Me entusiasma mucho este nuevo libro que ayuda a los líderes que intentamos pastorear a las ovejas de Cristo.

Judah Smith
Pastor de The City Church, Seattle, Washington

La voz de Marcos Witt ha resonado por décadas, acercando a cristianos y líderes a una experiencia renovadora de adoración a Dios. Ahora, él vuelve a inspirarnos con una tónica más profunda y madura usando como fuente el más conocido de todos los salmos. Su llamado llega a quienes ocupamos la noble y ardua tarea de la pastoral luego de que por diez años él mismo se enfrascara en establecer y madurar exitosamente una de las iglesias referentes en el mundo. Usando sus propias palabras, es un mensaje relevante, práctico y divertido. Debo añadir que incluso es profético, es decir, con el peso que tienen los mensajes que nacen en el corazón de Dios. Creo que todos podemos recibir estas palabras, el valioso mensaje de quienes han caminado mucho y se preocupan por quienes vamos atrás, claro, para ayudarnos a llegar también.

Danilo Montero
Pastor de la Iglesia Lakewood, Houston, Texas.

Marcos Witt ha impactado la vida de millones de personas y, sin embargo, ha mantenido una actitud compasiva para con ellas. Esa compasión salta a la luz en estas páginas, en las que nos instruye como pastores y líderes para hacer una tarea más eficaz y ser la clase de líderes que Dios quiere que seamos.

Jaime Tolle
Pastor de la Iglesia El Camino Metro, California

Son contadas con las manos las personas de las que se puede decir sinceramente que Dios ha utilizado para cambiar la historia de un continente, y Marcos Witt ha sido una de ellas. Tal vez no hay en la actualidad, en el medio cristiano hispanoamericano, alguien que haya marcado un antes y un después en la experiencia de la iglesia iberoamericana de manera más notable que él, y por eso su voz es la del que habla desde la experiencia y con la autoridad de alguien que ha sido utilizado poderosamente por el Señor. Este es un libro «legado». Páginas que nos regalan los principios que emergen de tantos años de experiencia en el liderazgo. Con gran entusiasmo recomiendo la lectura de estas letras con un corazón dispuesto y mucha atención.

Dr. Lucas Leys
Autor y líder de diferentes movimientos

Marcos Witt es un pionero de muchos cambios en la iglesia cristiana de América Latina; no solo nos ha bendecido con su alabanza, sino que también es un pionero en la renovación del liderazgo dentro de la iglesia evangélica cristiana. En este libro, Marcos ha tomado el salmo 23, línea por línea, y lo ha aplicado de una manera fresca y relevante para el liderazgo de la iglesia de hoy.

Robert Barriger
Pastor de la Iglesia Camino de Vida, Lima, Perú

LOS **8** HÁBITOS DE LOS MEJORES LÍDERES

MARCOS **WITT**

LOS **8** HABITOS DE LOS MEJORES LIDERES

MARCOS **WITT**

SECRETOS PASTORALES DEL SALMO 23

La misión de Editorial Vida es ser la compañía líder en satisfacer las necesidades de las personas, con recursos cuyo contenido glorifique al Señor Jesucristo y promueva principios bíblicos.

LOS 8 HÁBITOS DE LOS MEJORES LÍDERES
Edición en español publicada por
Editorial Vida – 2014
Miami, Florida

© **2014 por Marcos Witt**

Este título también está disponible en formato electrónico

Editora en Jefe: *Graciela Lelli*
Edición: *Marta Liana García*
Diseño interior: *Juan Shimabukuro Design*

ISBN: 978-0-8297-6587-8

Categoría: Iglesia cristiana / Liderazgo

IMPRESO EN ESTADOS UNIDOS DE AMÉRICA
PRINTED IN THE UNITED STATES OF AMERICA

14 15 16 17 18 RRD 6 5 4 3 2 1

CONTENIDO

PRÓLOGO POR ALBERTO MOTTESI 9

CAPÍTULO 1. LA RESPUESTA A UN LLAMADO 13

CAPÍTULO 2. EL LIDERAZGO COMO GRACIA 21

CAPÍTULO 3. UN BUEN PASTOR 33

CAPÍTULO 4. LA PROVISIÓN 41

CAPÍTULO 5. LA VITALIDAD DEL DESCANSO 61

CAPÍTULO 6. EL EFECTO DEL AGUA 75

CAPÍTULO 7. LOS BRAZOS DEL PASTOR 87

CAPÍTULO 8. ¿HACIA DÓNDE VAMOS? 101

CAPÍTULO 9. EN MEDIO DE LOS VIENTOS 119

CAPÍTULO 10. EL REGALO DE LA DISCIPLINA 135

CAPÍTULO 11. EL MISTERIO DE LA TOALLA 155

CAPÍTULO 12. EL LEGADO 171

PRÓLOGO

Este es un libro excepcional y, sin duda, de los mejores libros que ha escrito Marcos Witt. Su probado liderazgo ha hecho que su pluma sea cada vez más aguda, certera y llena de un entendimiento compasivo.

En general, estudiar acerca de las características de un pastor o líder es tan importante porque así como sea el líder, así será su grupo de influencia. En el caso del pastor, «sus marcas» se verán en la congregación.

Temo que mucho de nuestra cultura hispanoamericana se ha infiltrado en la cultura de la iglesia. Y esto es algo natural, lo entiendo. Pero me preocupa, por ejemplo, el concepto del líder como «cacique» del grupo que preside.

Es muy notorio en nuestros países, por ejemplo, la súper figura del presidente del país. Lo que hoy llamamos «el presidencialismo». Sin embargo, no puedo recordar el nombre de los presidentes de muchos países europeos; en realidad, los más desarrollados son sistemas parlamentarios. Los líderes son como el «coach» (entrenador) de un equipo. Lo importante es el equipo.

En el mundo hispano el líder es de «mano dura». Mete su nariz en cada detalle. Se siente dueño de la gente. Y esto es sumamente peligroso porque lo torna, muchas veces de forma inconsciente, en un manipulador.

Me gusta mucho que Marcos enfatice el carácter de «padre» en el pastor. Esto es lo que realmente debe ser: un padre que ama, que entiende, que anima, que desafía. La paternidad espiritual es una urgente necesidad en el pueblo de Dios. El pastor no es un conferenciante. El conferenciante informa. El padre forma. Forma vidas, y esto demanda mucha comprensión, ternura, compasión. Menos juicio y más misericordia.

El pastor debe saber «partir» el pan de la Palabra. Me encanta la figura de los discípulos camino a Emaús. No habían reconocido a Jesús. Sus ojos «se abrieron» y le reconocieron cuando partió el pan.

No es nuestra súper unción en el púlpito y las grandes maravillas que ocurran. Nuestra tarea es revelar a Jesús y que la gente se transforme en Sus seguidores y se conviertan a Su imagen y semejanza.

El pastor o líder debe ser alguien que rinda cuentas a otros líderes. El independentismo propio del protestantismo hispano es peligroso. No importando la grandeza del ministerio, todos tenemos que dar cuentas a otros. Tenemos que ser «cartas abiertas».

Si un pastor o evangelista o líder no rinde cuentas claras, y esto incluye toda la vida (finanzas, matrimonio, testimonio, etc.), no debe pararse detrás de un púlpito. Su vida personal tiene que ser parte de su mensaje.

En fin, hay tanta riqueza en este libro, que me provocó una sonrisa en el alma.

Recomiendo altamente **Los 8 hábitos de los mejores líderes** como lectura personal y como material de estudio.

Gracias, Marcos, por este honesto y poderoso esfuerzo literario.

Mejores pastores formarán mejores iglesias, y mejores iglesias transformarán naciones.

Alberto H. Mottesi
Evangelista

LOS **8**
HÁBITOS DE LOS
MEJORES
LÍDERES

CAPÍTULO **1**

LA
RESPUESTA A UN
LLAMADO

«YO JEHOVÁ TE HE LLAMADO EN JUSTICIA, Y TE SOSTENDRÉ POR LA MANO; TE GUARDARÉ Y TE PONDRÉ POR PACTO AL PUEBLO, POR LUZ DE LAS NACIONES».

Isaías 42.6

Era el año 2002. Había sido invitado a una congregación de habla inglesa de nombre Lakewood Church para participar en sus tres reuniones de fin de semana, donde celebrarían el anuncio oficial de que la ciudad de Houston, Texas, había votado a favor de venderles un enorme auditorio deportivo con más de dieciséis mil butacas. El ambiente de esas dos noches en la congregación era sumamente festivo y triunfal. Mi participación en esa ocasión consistía en cantar una canción y dar un breve testimonio acerca del impacto que el pastor John Osteen (papá del actual pastor, Joel Osteen) había tenido en mi vida de joven. Nunca imaginé que aceptar esa invitación cambiaría mi vida y la de mi familia por muchísimos años.

A los pocos meses de ese primer fin de semana, el pastor Joel Osteen me llamó para invitarnos a mi esposa Miriam y a mí a cenar con él y su esposa Victoria. Esa fue la noche que nos lanzó la invitación de fundar la congregación hispana de Lakewood. Yo no había pastoreado desde hacía muchos años y aun entonces había sido solo como apoyo a mi papá sirviendo de pastor asociado en una de las iglesias que fundó. Nunca había tenido la tarea de ser el pastor principal de una congregación. Desde 1987, mi esposa Miriam y yo habíamos iniciado un ministerio itinerante, cantando y predicando en toda América Latina. Nunca olvido una vez haber escuchado a mi amigo Alberto Mottesi decir que un predicador itinerante es un hombre dueño de siete trajes y siete mensajes. Aunque lo dijo en son de broma, está muy cerca de la realidad en algunos casos. Yo era feliz viajando por

DESCUBRIRÍA UNA SATISFACCIÓN INIGUALABLE AL VER A FAMILIAS RESTAURADAS.

todos lados con el mismo mensaje que cambiaba de vez en cuando, según el Señor me daba algo nuevo para predicar.

Ahora, a través del pastor Joel Osteen, me enfrentaba a una invitación muy interesante, que nunca hubiera esperado en toda mi vida. La invitación consistía en fundar y pastorear una congregación con al menos una reunión semanal en español, paralela a la congregación en inglés y compartiendo el liderazgo. Seríamos parte de los ministerios que la iglesia ofrecía, utilizando los mismos materiales didácticos, ministeriales y administrativos que la iglesia en inglés utilizaba, pero traducidos al español. Seríamos un departamento ministerial dentro de la congregación general. La única cosa que me pidió específicamente el pastor Joel era que siempre tuviera una palabra fresca para la congregación cada fin de semana, y me encargara de trazar y comunicar una visión general ocupándome de la capacitación y el desarrollo de un equipo pastoral hispano. De todo lo demás, me dijo él, se encargarían ellos. Por si fuera poco, agregó que deseaban que mi predicación semanal fuera grabada para televisión y transmitida por todo el mundo hispano, con fondos provenientes de la tesorería general de la congregación. Me parecía un sueño. ¿A quién no?

El legendario ajedrecista americano Bobby Fisher dijo que para ganar en el ajedrez, como también en la vida: «Tienes que tener espíritu de lucha, forzar los movimientos y sobre todo, aprovechar las oportunidades». Sin embargo, no queríamos apresurarnos. Por algunos meses mantuvimos extensas conversaciones, sesiones de planeación, añadiendo mucha oración y búsqueda del Señor para que finalmente

LIDERAR ES UN PRIVILEGIO, Y SER PASTOR ES UN DELEITE.

Miriam y yo aceptáramos la invitación de Lakewood Church con mucha alegría en el corazón.

Ese sueño se convirtió en una realidad que tocaría literalmente a millones de vidas. Fundaríamos la congregación el 15 de septiembre de 2002, y nuestras vidas nunca serían igual. Pronto me daría cuenta del inmenso gozo que siente un pastor al convivir con las personas de su congregación. Disfrutaría una nueva dimensión del rol de liderazgo. Descubriría una satisfacción inigualable al ver a familias restauradas, matrimonios reparados, individuos liberados. Sentiría aquel gozo que solo un pastor puede reconocer. Cada fin de semana, durante los diez años que estuvimos de pastores principales en aquella congregación, veríamos a miles de personas pasar al frente para entregar sus vidas a Jesucristo. Cuán grande es el gozo que siente un pastor al ver esos rostros llenos de lágrimas, vidas quebrantadas encontrando esperanza y fe en Jesucristo, el Señor. Qué privilegio tan grande es llevar a los pies de Jesús al cansado y atribulado para que reciba el descanso del Señor. Nunca me aburrí de ese momento del llamado, semana tras semana al finalizar la predicación. Nunca me cansé de ver ese desfile hermoso de almas rendidas a los pies de mi Señor, y sé que cuando lleguemos a la gloria, me encontraré con grandes multitudes de hombres y mujeres que me abrazarán con alegría y agradecimiento por haberles invitado a tomar la decisión más importante de todas sus vidas: entregar sus vidas a Jesucristo.

Liderar es un privilegio, y ser pastor es un deleite. Es un gozo. Nunca me aburrí de ser pastor. Por más que la tarea no fuera fácil, nunca me fastidió. Aunque tuve hermanos con quienes trabajar muchas cosas por cambiar, nunca sentí frustración con mi congregación. Solo privilegio y gozo. Me sentí honrado de ser el encargado de alimentar, proteger y cuidar las vidas delicadas y hermosas ante los ojos del Señor, y los míos. Sentí una preciosa y privilegiada responsabilidad de explicarles cómo Dios podría funcionar en sus vidas cotidianas, y de explicarles la Biblia de manera amena y sencilla para que la pudieran entender y aplicar a su realidad.

Desde muchos años antes de mi experiencia en la iglesia Lakewood, una de mis mayores satisfacciones ha sido presenciar ese momento especial en el que se «prende una luz» en el corazón de alguien cuando el Espíritu Santo le abre el entendimiento a una verdad eterna, y la persona la capta, la entiende y la abraza. Qué momento más glorioso es ese cuando el Espíritu Santo, el gran Maestro, prende la luz de la Palabra e ilumina el corazón de los hombres. ¡Qué privilegio es liderar!

MIS **NOTAS**

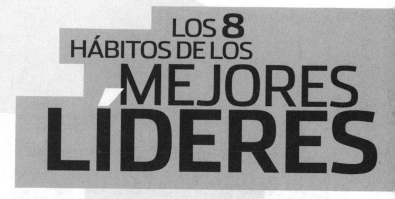

LOS **8**
HÁBITOS DE LOS
MEJORES
LÍDERES

EL
CAPÍTULO **2**
LIDERAZGO
COMO
GRACIA

«POR LA GRACIA QUE SE ME HA DADO, LES DIGO A TODOS USTEDES: NADIE TENGA UN CONCEPTO DE SÍ MÁS ALTO QUE EL QUE DEBE TENER, SINO MÁS BIEN PIENSE DE SÍ MISMO CON MODERACIÓN, SEGÚN LA MEDIDA DE FE QUE DIOS LE HAYA DADO».

Romanos 12.3, NVI

Hace unos años me hice consciente de la siguiente verdad: si el tan conocido y amado salmo 23 comenzara diciendo «Marcos Witt es mi pastor...», las palabras a coro que terminarían diciendo mis liderados de turno serían: «Todo me faltará». Al contarle esta ocurrencia a mi congregación, la gente siempre se reía. A pesar de que es mi sincero deseo hacer el mejor trabajo como pastor y líder, no puedo evitar el reconocer que soy un pastor y un líder sumamente inferior al Pastor de los pastores y Líder de líderes. Jehová es *el* pastor. Es Su ejemplo el que nos guía, nos enseña y nos inspira a ser líderes más completos. Mi humanidad y la suya nos impiden que seamos líderes perfectos, y por eso necesitamos un paradigma ideal. Claro que continuamente a mi ego le encantaría hacerme creer que soy el pastor o el líder perfecto. Sin embargo, mi constante deseo de ser real, la Biblia, el Espíritu Santo y, por qué no mencionarlo, la opinión de otros, me obligan a darme cuenta de que estoy lejos de la perfección.

Sin embargo, sí existe un pastor perfecto: es Jehová, y esa no es una afirmación liviana o disfrazada de espiritualidad. Objetivamente, Jehová es el que todo puede, todo sabe, todo suple, todo sustenta, todo guarda y protege. Él no tiene carencias. Él es perfecto en todo lo que hace. Él es quien sostiene todo con la diestra de Su poder. Es quien conoce el fin desde el principio y puede soplar vida donde hubo muerte. Es quien restaura, renueva, inspira, libera, perdona y eleva nuestras vidas a todo el potencial que Él sabe que hay en ellas. Solo Él puede ser el pastor perfecto. Nadie más. Es importante que tanto pastores como ovejas nos acordemos

> **SOY UN PASTOR Y UN LÍDER SUMAMENTE INFERIOR AL PASTOR DE LOS PASTORES Y LÍDER DE LÍDERES.**

constantemente de que Él es el dueño de las ovejas. Le pertenecen a Él. Dios es el único gran Pastor.

El día en que los líderes terrenales nos demos cuenta de que las ovejas le pertenecen a Jehová, será el día más liberador de nuestras vidas. No son nuestras. Contamos con el privilegio de tener una apertura a sus corazones y decisiones, y de guiarlas por las sendas que el Señor nos muestra en Su Palabra. Podemos acompañarlas en sus momentos de triunfo o derrota, asistirlas en su curación, alimentarlas y cuidar de sus vidas, pero al final de todo, Jehová es el Pastor de las ovejas y nosotros no. Nos ha encomendado la tarea de cuidar de ellas, *en nombre de Él*, pero son propiedad de Jehová, el único, perfecto y Buen Pastor.

OVEJAS DE SU PRADO

Muchos líderes y pastores vivimos sumamente desubicados en el tema de la propiedad y la autoridad. Como enseña John Maxwell, con quien he tenido la oportunidad de trabajar de cerca, liderazgo es sinónimo de influencia, y sea que tengamos el rol de pastor o estemos en una posición de liderazgo, lo que nos toca desde una perspectiva cristiana es influenciar a las personas como quiere el Señor.

Por eso, asumimos un papel indebido en cuanto a lo que podemos o no decidir en las vidas de las ovejas si intentamos manipularlas a nuestra conveniencia. Primero, recordemos que

LO QUE NOS TOCA DESDE UNA PERSPECTIVA CRISTIANA ES INFLUENCIAR A LAS PERSONAS COMO QUIERE EL SEÑOR.

no somos dueños de las ovejas. Jehová lo es. El salmo 24 dice: «De Jehová es la tierra y su plenitud; el mundo, y *los que en él habitan*» (énfasis añadido). Todo le pertenece a Él. En el salmo 100.3 leemos: «Pueblo suyo somos, y ovejas de *su* prado» (énfasis añadido). En estos pasajes constatamos que no somos dueños de las ovejas ni de la tierra donde se recuestan ni del pasto que comen. Todo, absolutamente todo, le pertenece al Señor. Nosotros solo somos administradores de aquello que le pertenece a Él. En ese sentido, tenemos autoridad y responsabilidad limitada en cuanto a las decisiones que podamos tomar en relación a la vida de las ovejas que nos ha encomendado. Nunca debemos olvidar que al final de cuentas, el dueño de las vidas de aquellos que amamos y cuidamos es Jehová. Los mejores líderes cristianos nunca olvidan esta premisa tan básica y fundamental.

Liderar es un privilegio y no un derecho. Piense en esa afirmación por unos segundos. Cópiela en algún lado y hasta le recomiendo hacer con ella un pequeño cuadro para poner en su oficina.

Ahora sigamos. Cuando tenemos la oportunidad de ser agentes de la dimensión espiritual y catalizadores de la obra de Dios en la vida de otras personas, tenemos que admitir que es una gracia que podamos ser instrumentos del amor de Dios. Por esa razón, me da mucha tristeza cuando veo a líderes operar con una autoridad excesiva, incluso hasta abusiva, sobre las ovejas, y me da pena por ellos al observar que simple y sencillamente no entienden su papel como pastores terrenales en las vidas de personas que no les pertenecen. Igualmente, me da mucha pena por las ovejas que están siendo sometidas a una autoridad incorrecta y desmesurada, viviendo como esclavas ante este líder o pastor que no entiende que su autoridad no es absoluta sobre sus vidas. Viven con un temor a lo que el líder dirá u opinará sobre cada cosa que hagan. Viven esclavas de las órdenes, los pensamientos, las opiniones y decisiones de una persona desubicada que no entiende la naturaleza llena de gracia de su rol.

A los líderes cristianos nunca se nos debe olvidar que somos solamente mayordomos (2 Corintios 5.10). Igualmente, a la oveja nunca se le debe olvidar que su pastor es Jehová. En ese delicado y correcto balance, podemos ser de bendición el uno para el otro y vivir gozosos, descubriendo todos los pastos delicados que nuestro pastor Jehová ha preparado para nosotros. Como pastores, qué alegría es llevar a las ovejas a esos pastos, provistos por nuestro Señor. Como ovejas, es un deleite gozar de los pastos delicados y las aguas de reposo que nuestro pastor terrenal nos ha ayudado a descubrir bajo la guía, la tutela, la autoridad y el cuidado de Jehová, el Pastor de todos los pastores. No nos desubiquemos ni el uno ni el otro. Hay una perfecta armonía y equilibrio en que el pastor terrenal esté sometido al Pastor Principal y que la oveja esté sometida a su pastor terrenal, sabiendo que este vive sometido a Jehová, a quien rendirá cuentas como dueño único de todas las cosas. Mantener esa sincronía es un arte que consiste en estarnos recordando constantemente quiénes somos en relación con aquellos que nos siguen y que han encomendado su cuidado espiritual en nuestras manos. Es un constante y diario ejercicio de humillación ante Jehová, el Pastor. Es una entrega diaria de nuestros pensamientos, nuestras opiniones y decisiones al Pastor de pastores. Debemos vivir abiertos a la posibilidad de que Él cambie nuestros planes y los reoriente de la manera que a Él mejor le parezca. Es un ejercicio continuo y diario de humillación y

NO USURPEMOS UNA AUTORIDAD QUE NO HEMOS RECIBIDO.

sometimiento para ser mejores mayordomos del don que ha sido depositado en nuestras manos.

Para ser más preciso, al escribir este capítulo tengo la bendición de estar en la República Dominicana. Mi esposa y yo somos huéspedes en una hermosa y enorme casa vacacional, al lado de la playa, perteneciente a una familia que ama y valora nuestro ministerio. Nos han hecho este gran regalo de estar varios días en su bella residencia, atendidos por algunas de las personas más hermosas que existen en el mundo: una cocinera, dos camaristas, un mozo, un jardinero y el mayordomo, Francisco, quien es el administrador general de esta bella finca. Nos están tratando como reyes, rodeados de una belleza natural indescriptible que caracteriza a este hermoso país. Francisco es un hombre capaz e inteligente. Además de esta casa, es administrador de varias más. Su trato gentil y amable con las personas lo destaca. El equipo que trabaja en el hogar lo hace con gracia, alegría y destreza, bajo el ojo cuidadoso de este mayordomo, quien los guía con firmeza, amabilidad y respeto. Él entiende su papel: no tan solo tiene la responsabilidad de este maravilloso personal, sino también de todo lo que hay en la enorme y valiosa propiedad, incluyendo todos los muebles finos, los seis autos en la cochera, el bote que se encuentra en la marina, además de tener a su cargo todo lo que conlleva manejar, mantener y costear una finca con estas características.

LOS REBAÑOS DE OVEJAS DE DIOS SALUDABLES SON UN IMPACTO EN LA SOCIEDAD.

EN DIÁLOGO CON EL DUEÑO

Francisco habla frecuentemente con el propietario. Rinde cuentas. Recibe instrucciones. Informa, pregunta y dialoga con el dueño de la casa. Entiende su papel: es administrador de algo que no le pertenece. Lo trata como si fuera suyo, con el mismo amor, la misma atención y cuidado, debido a que el dueño lo tiene responsabilizado a él. Sin embargo, la máxima autoridad no es Francisco. La última palabra no la tiene él, ya que él es mayordomo, no dueño. De la misma manera, los que somos pastores terrenales, somos solo mayordomos de un bien que no nos pertenece. Debemos administrarlo con el mismo cariño como si fuera nuestro. Debemos cuidarlo y protegerlo con el mismo esmero, ya que nos han responsabilizado por el rebaño, pero al final de cuentas, no somos dueños. No tenemos la última palabra. No somos los que tomamos la decisión final en las vidas de las personas. Somos administradores de aquello que no nos pertenece. Tendremos que rendirle cuentas al dueño de *su* propiedad. Si hay un daño, un estrago, un robo o percance, tendremos que rendirle cuentas al dueño sobre qué fue lo que sucedió con su propiedad. Así deberíamos pastorear a las ovejas, con el conocimiento de que no somos dueños, solo mayordomos.

Pastores, no ocupemos un lugar que no nos corresponde. No usurpemos una autoridad que no hemos recibido. Dialoguemos con el dueño. No es nuestro lugar imponer a las ovejas cómo vivir sus vidas sin consultar a su Señor. Es nuestro lugar instruirlas, mostrarles el camino por donde deberían

INDEPENDIENTEMENTE DE TÍTULOS ECLESIÁSTICOS, UN GRAN LÍDER CRISTIANO ES UN GRAN PASTOR.

andar según la opinión de Dios. Debemos enseñarles los principios de la Palabra que los llevará a tener una vida triunfante, sobre el pecado, sobre Satanás, sobre los malos caminos y desaciertos. Pero el dueño de las ovejas no somos nosotros. Como Francisco no es el dueño de este imponente inmueble donde nos hospedan, usted no es el dueño de esas vidas y corazones invaluables delante del Señor, el verdadero y único propietario.

Ovejas, no les entreguen esa autoridad a sus líderes terrenales. Aprendan a discernir cuándo es que el líder o aun su jefe está rebasando su autoridad limitada. Recuerden que cada uno de nosotros hemos sido hechos reyes y sacerdotes en Cristo Jesús (Apocalipsis 1.6; 5.10) y tenemos la responsabilidad personal de rendir cuentas a Jehová, el Pastor sobre nuestra vida. El pastor terrenal que tenemos es un consejero, maestro y guía con responsabilidad limitada, de quien aprendemos por su amplia experiencia, corazón bondadoso, conocimiento en la Palabra y ejemplo de vida. Sin embargo, nunca se nos olvide que como ovejas tenemos sacerdocio personal ante el Padre celestial, y nadie puede robarnos ese privilegio, ya que fue adquirido con sangre preciosa y divina que Jesús vertió en la cruz del Calvario. Nunca le entregue autoridad ilimitada a un hombre o mujer que, al igual que usted y yo, debe vivir sometido al dueño de todas las cosas, rindiéndole cuentas a Él por el estado de Sus propiedades. Usted y yo somos ovejas de *Su* prado. Esa palabra, Su, se refiere a Jehová, el Pastor, no a nuestros pastores terrenales. Como ovejas, aprendamos a discernir cuándo el mayordomo se está pasando de los límites como administrador de nuestras vidas.

EL BALANCE DEL SOMETIMIENTO LIBERADOR

Se encuentra una gran seguridad en entender este balance delicado: los pastores terrenales estamos sometidos al Pastor Jehová. Las ovejas están igualmente sometidas a Jehová, Su dueño. Al mismo tiempo, la oveja está recibiendo ayuda, dirección, alimento, protección, cobija, seguridad de parte de su pastor terrenal, quien sirve de mayordomo y administrador del rebaño. El pastor no tiene autoridad ilimitada. La oveja tiene un recurso cuando el mayordomo está rebasando sus límites de autoridad: Jehová, el Pastor.

Cuando todo el mundo está funcionando dentro de los parámetros correctos, existirá un rebaño saludable. Habrá ovejas saludables, familias saludables, individuos saludables e, incluso, líderes saludables porque nadie estará llevando una carga que no le corresponde.

Los rebaños de ovejas de Dios saludables son un impacto en la sociedad. Son luz. Su testimonio y ejemplo son de bendición a su entorno, su ciudad y país. ¡Cuando las familias son saludables, la sociedad cambia por completo!

Usted y yo debemos tener claro que la manera en que podemos tener familias sanas es conociendo cómo funciona este precioso balance de entender cuáles son nuestros roles como pastores y ovejas. Todo se mantiene en balance cuando se lleva correctamente. El momento en el que uno u otro salen del balance, se desequilibra todo. Es cuando comienzan los abusos, los golpes, los excesos y lo insano. Por eso, al escribir estos pensamientos, deseo que sirvan para ayudarnos tanto a los líderes como a las ovejas a saber cómo funciona este precioso y delicado balance que el Señor ha implementado para nuestra salud personal y espiritual.

En los siguientes capítulos nos sumergiremos en los secretos que practica un gran líder o una gran líder. Estas enseñanzas emergen del mismísimo salmo 23 porque independientemente de títulos eclesiásticos, un gran líder cristiano es un gran pastor. Alguien que ama a la gente y quiere lo mejor para quienes influencia. Esos secretos se van a traducir en acciones, y luego de establecer un panorama general de adónde nos lleva el salmo, al estudiar cada una de esas acciones quiero recordar que las estudiaremos entendiendo que el fin es ser mejores mayordomos de las ovejas del Señor.

Al permitir que el ejemplo que nos ha dado Jehová el Pastor, penetre y permee nuestros pensamientos y afecte nuestra conducta, tendremos un gozo enorme al liderar. Será ligera la carga. No la veremos como algo pesada ni difícil, sino que nos traerá la alegría y el gozo de sabernos danzando en su gracia, como pocas cosas que la vida nos puede ofrecer.

MIS **NOTAS**

LOS **8**
HÁBITOS DE LOS
MEJORES
LÍDERES

CAPÍTULO **3** UN
BUEN PASTOR

«PALABRA FIEL: SI ALGUNO ANHELA OBISPADO, BUENA OBRA DESEA».

1 Timoteo 3.1

Ser pastores no es lo mismo que ser buenos pastores. Llegar a serlo y tener el título puede significar un logro para algunos, pero no es un logro para la gente. El logro de ser pastores es celebrado cuando somos la clase de pastores que hacemos bien el trabajo que nos encargó Dios y ayudamos a las personas a alcanzar su potencial y cumplir el sueño de Dios para sus vidas. Sin lograr ser eficaces se puede desatar una gran frustración en nuestras vidas ministeriales, y para que eso no ocurra debemos ser ágiles en aprender y ejecutar los pasos necesarios para ser la mejor clase de pastores y líderes de influencia que podamos llegar a ser.

Ha habido ocasiones en las que he escuchado a algunos pastores quejarse de lo difícil que sienten que es la carga. Los he oído hacer bromas acerca de lo malo que son algunos miembros de su congregación. He tenido la oportunidad de ver a muchos líderes al borde de la desesperación tanto con su llamado como con sus liderados, y considero que la mayoría de la problemática nace de una falta de entendimiento de cuáles son los parámetros correctos para ser un buen líder. Me parece que muchas veces nos encontramos haciendo trabajo que no solo es innecesario, sino que ni siquiera nos corresponde. Incluso he visto a pastores culpar a las ovejas por su cansancio y frustración personal. Se molestan e impacientan con la gente. Lo más triste es ver cuando las ovejas mismas se dan cuenta de que las cosas andan mal con sus pastores y no saben qué hacer ni cómo comportarse. Se enteran de que todo les molesta y nada les satisface. Harían cualquier cosa por verlos bien y lo hacen, solo para encontrarse con que los pastores siguen frustrados y malogrados.

¿Por qué? ¿Por qué llegan a estar en esa condición estos líderes? ¿Qué fue lo que les sucedió para llevarlos a tal punto de angustia y frustración? La respuesta es tan sencilla que casi me da pena dársela: el no seguir, como líderes, los principios que el Señor nos encargó a cada pastor en el salmo 23.

Así es, leyó bien: los principios para pastorear que se encuentran en el salmo 23. La mayoría de nosotros catalogamos el salmo 23 como un salmo devocional o inspiracional. Parece ser que alrededor del mundo entero solamente lo utilizamos para los funerales o situaciones de peligro. Al menos en todas las películas donde exista una escena de funeral, sin falta invocan el salmo 23. Sin embargo, pocos se han percatado de la profundidad y el volumen de sus implicaciones para el liderazgo.

Si alguien fuese a un seminario bíblico a preguntar dónde se podrían encontrar en la Biblia principios para pastorear sabiamente, lo más probable es que no le contestarían «En el salmo 23». Sin embargo, ahí encontramos ocho de las acciones y los hábitos que Jehová mismo ejecuta como pastor. Efectivamente. Allí encontramos los secretos de «el Buen Pastor».

MI MOMENTO DE REVELACIÓN

En los primeros días de ser pastor en Houston, me encontraba en el pequeño estudio de mi casa, reflexionando en la Palabra y pidiéndole al Señor que me mostrara cómo ser un buen pastor. Incluso, creo que así lo oré: «Señor, muéstrame cómo puedo ser un buen pastor para esta congregación que me has encargado». Cuando usé la frase «buen pastor», mis pensamientos se fueron al salmo 23: «Jehová es mi pastor...». Al reflexionar en esa frase, me di cuenta de que en

SI JEHOVÁ ES PASTOR, ENTONCES ¿CÓMO PASTOREARÁ ÉL?

ella Jehová es caracterizado como pastor. De inmediato, me hice la siguiente pregunta: «Si Jehová es pastor, entonces ¿cómo pastoreará Él?». Así de sencillo. ¿Cómo pastoreará el Pastor de todos los pastores? ¿Cuáles serán Sus secretos, hábitos, parámetros y lineamientos para ser un buen pastor? Obviamente, quisiera ser un pastor como Él. Así que, ¿cómo lo puedo emular? ¿Qué cosas puedo ver que Él hace para implementarlas en las que yo estoy haciendo y en la tarea que voy a desarrollar? Fue en esa secuencia de preguntas que encontré los ocho principios y hábitos para ser un buen pastor. Ocho parámetros sencillos que si los seguimos, seremos pastores y líderes cristianos realizados y triunfantes. Ocho parámetros que nos alejarán de la frustración y la angustia que sentimos muchos pastores con esa responsabilidad. Ocho parámetros que al aplicarlos, revolucionarán la manera en que pastoreamos. Son los mismos principios que vemos usar a Jehová. ¡Extraordinario!

Leamos detenidamente.

> Jehová es mi pastor; nada me faltará.
> En lugares de delicados pastos me hará descansar;
> Junto a aguas de reposo me pastoreará.
> Confortará mi alma;
> Me guiará por sendas de justicia por amor de su nombre.
> Aunque ande en valle de sombra de muerte,
> No temeré mal alguno, porque tú estarás conmigo;
> Tu vara y tu cayado me infundirán aliento.

Aderezas mesa delante de mí en presencia de mis angustiadores;

Unges mi cabeza con aceite; mi copa está rebosando.

Ciertamente el bien y la misericordia me seguirán todos los días de mi vida,

Y en la casa de Jehová moraré por largos días. (Salmos 23)

LOS **8**
HÁBITOS DE LOS
MEJORES
LÍDERES

CAPÍTULO **4** **LA**
PROVISIÓN

«JEHOVÁ ES MI PASTOR; NADA ME FALTARÁ».

Salmos 23.1

PRIMER HÁBITO
PROVEER 1

La primerísima tarea del buen pastor es proveer. Dios nos regala la extraordinaria responsabilidad de velar por la salud y el bienestar general de nuestras ovejas. Cuán grande es el privilegio, pero la responsabilidad también. Si tomamos la misma frase: «Nada me faltará» y la volteamos al revés, nos encontramos con la frase: «Todo lo tendré». Esto significa: «Ninguna insuficiencia o escasez». Todo será suplido, provisto. Eliminar las carencias de las ovejas es la primera tarea del buen pastor. Ahora, es importante hacer la necesaria observación que no se refiere a tener satisfechos todos los caprichos y antojos de las ovejas, productos de su inmadurez, rebelión o testarudez. Se refiere a que el Señor, nuestro Buen Pastor, proveerá todo lo necesario para vivir como ovejas dignas de Su elegante y extraordinario rebaño. Es como un padre de familia. Históricamente se entiende que un padre provee, pero eso no significa consentir cualquier capricho de sus hijos. Se dice que el afamado presidente norteamericano Abraham Lincoln aseguró que «es más fácil reprimir el primer capricho que satisfacer todos los que le siguen».

Muchas personas, desafortunadamente, piensan que Dios es algún tipo de Santa Claus cósmico que se encarga de escuchar sus listas largas de lo que necesitan, quieren, desean o anhelan. Muchos viven una vida de constante petición. En mi país, México, les llamamos «pediches». Personas que solo se la viven pide y pide. A eso no se refiere este pasaje, sino a la verdad, que el Señor se encargará de tener suplidas todas y cada una de nuestras necesidades, según Su perfecto conocimiento de ellas. La Palabra dice que Él conoce nuestras necesidades aun antes de que nosotros pidamos por ellas.

43

(Mateo 6.8). Adicionalmente, producto de Su gracia, favor y bondad eternas, también nos satisfará, en muchas ocasiones, con sorpresas, regalos y detalles que nos harán amarlo más y más (Mateo 7.11). En verdad es un muy Buen Pastor.

Tomando su ejemplo, siendo líderes, nosotros, como los pastores encargados de Su rebaño aquí en la tierra, tenemos la misma encomienda. Así que, igual que Él, nuestra primera responsabilidad hacia las ovejas es proveer para ellas de manera inteligente y con visión de futuro. Nos corresponde vivir con el compromiso de que las ovejas estén satisfechas, sanas y seguras. Si ellas se encuentran bien, todo marchará bien. Si no lo están, el pastor vivirá la constante frustración de atender sus enfermedades, pleitos, inseguridades y cuánta cosa más que viene con tener ovejas desprotegidas e insanas. Si nos aseguramos de la buena salud de las ovejas, reduciremos mucha frustración y angustia en el trabajo, ya que las ovejas que menos problemas dan son las que están sanas y bien alimentadas.

Hay muchas cosas que el pastor debe y puede hacer para asegurarse de que las ovejas se encuentran sin necesidades, pero solo quiero comenzar enfatizando tres que son las más indispensables:

1. Alimento
2. Cobija
3. Ambiente

Lo que descubrí es que si no nos encargamos de estas tres áreas elementales, tendremos ovejas enfermizas y anémicas, así que analicemos cada una.

ALIMENTO

Es del conocimiento de todos que lo que comemos afecta cada aspecto de nuestra vida. Si comemos comida chatarra,

> **UNA BUENA COMIDA REQUIERE DE BUENA PREPARACIÓN, PENSADA CON MUCHO TIEMPO Y PREPARADA CON UN GRAN ESFUERZO.**

tendremos una salud chatarra. Lo que entra es lo que somos. De hecho, hay un dicho popular que reza: «Somos lo que comemos». Lo mismo se puede decir del estado espiritual en el que se encuentran nuestras ovejas. Como pastores, nos corresponde alimentarlas sanamente para que puedan crecer hacia la madurez que el Señor desea de cada una de ellas. Parte de esa responsabilidad es asegurarnos de que en alguna manera las ovejas tengan acceso a lo básico y elemental que necesitan para ser sanas. Por decirlo de alguna forma, sus vitaminas y minerales. Aquello que quizá no les llame la atención pero que es importante para que crezcan con salud. En este punto me refiero a las enseñanzas básicas y fundamentales de nuestro evangelio, que cada oveja debe conocer. Es cada vez más sorprendente la cantidad de personas que no las conocen, no porque no tengan un deseo de aprenderlas, sino porque sus pastores están más interesados, o distraídos, en enseñar otras cosas más «emocionantes» o «divertidas». El resultado es que hay ovejas que tienen años en el rebaño sin conocer la diferencia entre Efesios y Éxodo, y ni hablar de que puedan llegar a encontrar a alguno de los profetas menores del Antiguo Testamento. ¿Y qué de las doctrinas básicas que todo seguidor de Jesús debería conocer? Muchos no las conocen tampoco.

¿Qué tenemos que hacer? Ponerle atención al entrenamiento básico de la Palabra. Establecer sistemas de aprendizaje permanentes en nuestro programa semanal, que faciliten que todo el mundo pueda aprender lo básico. Organícelos de tal manera que sean accesibles en cuanto a horarios y días que se ofrezcan estos estudios. Además, que tengan un sentido de permanencia y facilidad de ingreso o registro para que nadie tenga excusas y diga que no pudo estudiar. Accesibilidad y permanencia son dos columnas que deben sostener la enseñanza de los principios fundamentales de la Biblia en toda congregación.

Les hablo específicamente a los pastores generales, aunque esto es igualmente válido para todos los que tienen a cargo un instante de enseñanza. Es un hecho que gran parte de la alimentación sucede en las reuniones generales. Es cuando la mayoría de las personas han dispuesto su tiempo y corazón para acercarse a la mesa del Señor y comer. En ese caso, debería ser un gran banquete. Con un poco de todo para que los convidados se puedan servir generosamente y retirarse con aquella sensación de satisfacción, resultado de haber estado sentados a una buena mesa. Un entremés, un platillo fuerte, un postre. Una refrescante bebida también viene bien.

Como pastores, nos encargamos de la alimentación semanal de nuestras ovejas. Pongamos atención a los detalles. La responsabilidad de la mesa es nuestra. De nadie más. Me sorprende la cantidad de mis colegas pastores que llegan a la reunión semanal sin algo preparado para enseñar. Se excusan con un versículo que dice: «Abre tu boca, y yo la llenaré» (Salmos 81.10). Sin embargo, cualquiera que use ese versículo en el contexto de la disciplina constante de la alimentación de las ovejas, no conoce el significado de ese versículo. Una buena comida requiere de buena preparación, pensada con mucho tiempo y preparada con un gran esfuerzo. Cada comida, cada preparación de mesa, requiere anticipación y estrategia. El cocinero tiene que asegurarse de que ha reunido todos los elementos necesarios para lo que ha planeado cocinar. Igual el pastor a la hora de preparar la comida de sus ovejas debe haber considerado todos

> ## NO ENSEÑAMOS LA PALABRA PARA IMPRESIONAR A NADIE. LA ENSEÑAMOS PARA QUE LAS OVEJAS LA PUEDAN CONOCER, ABRAZAR Y APLICAR.

los ingredientes que usará para la buena alimentación. No puede ser algo hecho al azar. Debe ser bien preparado.

Mi experiencia personal en cuanto a la preparación del alimento semanal para las ovejas me enseñó a utilizar tres ingredientes básicos. Son tres axiomas, o filtros, por los que tiene que pasar cada uno de mis mensajes antes de darme a mí mismo la autorización de dárselo de alimento a las ovejas. Mis tres axiomas son: práctico, relevante y divertido.

Práctico. Uno de mis más grandes deseos al enseñar la Palabra es que las personas puedan comprender que la verdad de Dios funciona en cada aspecto de sus vidas. Por esa razón, siempre busco, como alimentador de ovejas, mantener un balance entre lo bíblico-teológico y lo práctico. Si solo nos enfocamos en lo bíblico desde una perspectiva histórica por ejemplo, tendremos ovejas que tienen mucho conocimiento, pero no tienen un evangelio vivencial. Como insiste mi amigo, el doctor Lucas Leys: «La Biblia no es un libro de historia, sino un libro de principios enmarcados en una historia». Si enseñamos la Biblia solo tratando de que quienes nos escuchan aprendan historias, nombres, lugares geográficos y versículos, en vez de los principios del plan de Dios, entonces estas personas tenderán a convertirse en fariseos y legalistas. Gente que sabe las palabras de las leyes sin entender el espíritu de las leyes. Personas que no saben vivir la Palabra. De la otra manera, si solo enseñamos lo práctico y vivencial, reducimos el poder del evangelio a un entendimiento y aceptación humanos, y este tiene el potencial de convertirse en una charla motivacional con citas bíblicas pero que no son analizadas en profundidad. Esto producirá ovejas superficiales. Poco profundas y mal preparadas para cuando lleguen las grandes tormentas que la vida tiende a enviarles de vez en cuando.

No es saludable extremar en ninguno de los dos lados. Desafortunadamente, la mayoría de los pastores extreman por el lado bíblico-teológico, y como resultado tienen ovejas que no saben cómo aplicar la enseñanza a sus vidas prácticas. Como alimentador me hago siempre la siguiente pregunta: «¿Cómo puede el oyente aplicar esta enseñanza a su vida práctica?». Es mi tarea darle las herramientas que necesite para saber vivir la Palabra de Dios. Adicionalmente, tengo que ayudarlo a pasar de ser «oidor» de la Palabra, hasta que se convierta en «hacedor» de ella (Santiago 1.22). Esta es una de mis tareas como su pastor: auxiliarlo a poner en práctica la Palabra de Dios en cada aspecto de su vida. Aunque es cierto que hay algunas ovejitas que no les entra el entendimiento ni por obra y gracia del Espíritu Santo, la mayoría lo capta y practica después de escuchar una buena explicación. ¡Expliquemos bien! ¡Seamos prácticos! Enseñemos cómo las ovejas pueden vivir los principios del plan de Dios, poner en práctica las leyes celestiales en su vida diaria terrenal.

Charles Spurgeon, el inglés conocido como el príncipe de los predicadores en el siglo XIX escribió respecto a la manera en que Jesús enseñaba:

> Las parábolas de nuestro Señor eran tan sencillas como los cuentos de los niños y tan naturalmente hermosas como los lirios de los valles donde él enseñó a la gente... Sus parábolas se parecían a él mismo y su entorno, nunca fueron estiradas, fantasiosas, pedantes o artificiales. Imitémosle al enseñar ya que nunca encontraremos un modelo más completo o más conveniente para el tiempo actual.[1]

Recuerde que no enseñamos la Palabra para impresionar a nadie. La enseñamos para que las ovejas la puedan conocer, abrazar y aplicar.

Relevante. El primo hermano de la practicidad es la relevancia. Cuando hablamos de relevancia, tenemos que preguntarnos: «¿Cuáles son las preguntas que la gente se estará haciendo?» «¿Cuáles serán las dudas para las que aún no hay respuesta en su corazón?». Cuando descubramos las respuestas a esas dos interrogantes, sabremos un poco más de cómo dirigir nuestra enseñanza. Es de absoluta importancia contestar las dudas que tienen sus ovejas porque si no reciben explicación de parte suya, la buscarán en otro lado, con otro pastor que quizá no abrace los mismos valores que los suyos. Si su oveja está tan hambrienta de relevancia, no se sorprenda cuando sepa que anda buscando otros pastos a dónde comer. Si el pasto que usted le está proveyendo no es lo suficientemente apetecible, el hambre será un factor inmensamente motivacional para hacer que la oveja busque nuevos horizontes. Al preparar el alimento semanal, pregúntese: «¿Esta enseñanza estará contestando algunas de las preguntas que tienen mis ovejas?». Obviamente, en una enseñanza jamás abarcaremos todas las preguntas que tienen, pero si poco a poco vamos contestando algunas, de a una por una, es mucho mejor que la alternativa.

Una ayuda adicional para saber cómo ser un comunicador relevante la encontré en un amigo mío de Perú. No estoy seguro si la frase se originó con él, pero a él se la escuché por primera vez. El pastor Robert Barriger me lo explicó de esta manera: «Marcos, para ser un comunicador relevante solo tenemos que rascar donde pica». «Rascar donde pica» se convirtió en uno de los principales filtros al preparar el alimento semanal para mis congregantes. Es un hecho que muchos comunicadores estamos rascando donde no pica, y por insistir en rascar ahí («hasta que les entre la revelación»), estamos sacándoles sangre a las ovejas e infligiendo sobre ellas una tremenda molestia al tener que aguantar aún otro mensaje más acerca de algo que ni les ayuda ni les afecta, y mucho menos les alimenta.

En ocasiones, al conducir mi auto, me da una picazón en la espalda. Por tener las manos en el volante y sin poder alcanzar el lugar de molestia, le pido a mi esposa Miriam que me haga el favor de buscar la zona de desconfort. Ella acerca sus uñas a mi espalda y comienza a rascar por cualquier lado mientras le voy dando instrucciones: «No, un poquito más a la izquierda, para arriba un poco más...». Mientras no le atina a la picazón, es casi una tortura lo que estoy viviendo. Teniendo la respuesta (sus uñas) tan cerca de la zona del hormigueo y, sin embargo, seguir sintiéndola me está causando un problema de frustración emocional muy alto. Me río de este pensamiento, pero así viven muchas ovejas que domingo tras domingo se acercan a la reunión para ser alimentadas («rascadas»), y tienen la respuesta tan cerquita, pero nunca se van con la satisfacción plena que se siente cuando al fin le dan al área de necesidad. Cuando mi esposa al fin encuentra la picazón en mi espalda, comienza a rascar con fuerza y determinación. ¡Cuánto alivio siento! Es casi un lujo. Por poco levanto las manos para glorificar a Dios cuando recuerdo que voy conduciendo y debo mantenerlas en el timón. De la misma manera responderá mucha gente cuando al fin siente que el pastor les rascó donde pica. Glorificarán a Dios porque sienten ese alivio enorme de haber recibido ayuda práctica para su necesidad. Ese es el glorioso resultado de ser un predicador que se preocupa por la relevancia.

Como decíamos, muchos pastores quieren utilizar la enseñanza del mensaje para impresionar a las ovejas con su conocimiento. Usan palabras que nadie entiende y frases que

> ENTRE MENOS HABLEN DE MI HABILIDAD COMO COMUNICADOR Y HABLEN MÁS ACERCA DE LO QUE COMUNIQUÉ, MÁS EFECTIVO FUI EN LA COMUNICACIÓN.

requieren de estudios superiores. Solo un pequeño porcentaje de la congregación les entendió. Querido líder, le repito que nuestro tiempo de enseñanza congregacional no debe ser para impresionar a nadie. Es para que las ovejas se alimenten de una palabra que les ayude a vivir la Palabra de Dios en su andar diario. Encontremos ese balance donde comunicamos con tanta elegancia que hasta el más inteligente de la congregación se siente cómodo, sin rebasar los límites de la comunicación práctica, accesible y relevante. Prefiero que la gente se regrese comentando sobre cómo poner por obra la Palabra de Dios, que estar elogiando mi gran habilidad de comunicador. De hecho, entre menos hablen de mi habilidad como comunicador y hablen más acerca de lo que comuniqué, más efectivo fui en la comunicación. «Rásqueles donde pica».

Divertido. Le hago una confesión de tres partes: primera, me aburre la gente aburrida; segunda, me gusta el buen sentido del humor; y tercera, tengo un buen sentido del humor. ¿A usted no le gusta el buen sentido del humor? En pocas palabras, me gusta reír. Creo con todo mi corazón que Dios nos dio el buen humor como uno de sus más grandes regalos. Si no pudiéramos reír, moriríamos todos una muerte prematura y sin gloria. Dios conocía que viviríamos muchas cosas muy difíciles, tristes, complicadas y confusas. Por eso, nos dio el buen humor. Si realmente creemos que fuimos hechos a Su imagen y semejanza, entonces entenderemos que Dios también se sabe reír. De hecho, creo que cuando Dios creó algunos de los animales, se rió al hacerlo. El hipopótamo, por ejemplo, el mono y tantos más que con solo verlos sabemos que Dios se divirtió mucho creando tales seres vivientes. Ni siquiera uno tendría que visitar el zoológico para saber que Dios se sabe reír. Habría que ver solamente algunas de las orejas que les regaló a algunos de sus hijos para darse cuenta de que Dios tiene un gran sentido del humor.

Me parece que utilizar el buen humor en nuestros mensajes es similar a darle una buena sazón al alimento. Es el condimento. La sal y la pimienta. El chile y la salsa. Si nunca le pusiéramos condimento a los alimentos, sabrían a nada. De ahí la palabra «desabrida». Sin sabor. Sin gusto. Como muchos sermones que hemos escuchado, mejor dicho, soportado a lo largo de los años. Tantos predicadores sin sabor. Sin condimento. No da gusto escucharlos. Sanos y saludables quizá, pero al igual que algunos vegetales como el brócoli o la berenjena, resulta muy desagradable comérselos sin algo de arreglo. Póngale condimento a su alimento. Permita que sus ovejas coman a gusto.

Muchos me critican por utilizar el humor en el púlpito de la enseñanza. Consideran que es una falta de respeto. Lamento que tengan esa opinión, pero le puedo asegurar que en mi corazón no existe nada más que respeto absoluto por Dios, por Su Palabra y por Su pueblo. También, como contaba en el segundo capítulo, respeto la posición que se me ha dado de líder y alimentador de las ovejas. Es por gracia que he recibido liderazgo. Tomo tan en serio mi papel que siempre estoy buscando maneras de mejorar y de ser más efectivo en mi tarea de alimentar. Pongo mucha atención y cuidado en la preparación del alimento. Así que, el humor lo utilizo no por ser ligero ni por una falta de respeto, sino con el afán absoluto de que las ovejas puedan digerir apetaciblemente los principios poderosos de la Palabra.

> NUESTRAS OVEJAS DEBEN PODER CONFIARNOS SUS MÁS ÍNTIMOS SECRETOS, SABIENDO QUE LO HAN ENTREGADO EN UN PUERTO SEGURO.

No puedo contarle la cantidad de veces que las personas me han dicho que lo que más les gusta de mis mensajes es mi buen sentido del humor. Que los hace reír. En mi pastorado en Houston corrió tan rápido la voz acerca de mi sentido del humor que hubo quienes comentaron que el rápido crecimiento de nuestra iglesia fue porque la gente sabía que les contaría chistes. ¿Se imagina? ¡Qué ingenuo! Lo último que pensé al usar chistes y desarrollar el sentido del humor en la predicación fue el crecimiento numérico de la iglesia. Mi deseo no fue hacer crecer la iglesia, sino que la gente recibiera la enseñanza en un ambiente cordial y ameno, y que el condimento del buen humor les ayudara a disfrutar del alimento que les servía. Pero sí, el resultado fue que creció rápidamente la congregación. Curioso, ¿cierto? El cumplido más grande que he recibido al predicar es cuando la gente me ha dicho: «Me gusta cómo explica la Biblia. Cuando usted la explica, la puedo entender. ¡Ah!, y también me gusta que nos hace reír». Un buen alimento merece un buen condimento.

COBIJA

La primera tarea para proveer es alimentar bien a las ovejas. Que el alimento sea práctico, relevante y divertido. La segunda tarea de provisión es cobijar. Cuando las ovejitas entran en la noche al aprisco para descansar, el pastor cierra las puertas para que no puedan salir a los peligros de los alrededores y que no entre algún lobo a devorarse alguna. Igualmente, se asegura de que estén bajo algún tipo de protección. Prepara alguna pequeña estructura que las cuide de los elementos de la naturaleza, la lluvia o el frío. En algunos casos específicos, si alguna de sus ovejas está batallando más que las otras, les coloca una especie de cobija especial para darles protección y cuidado adicional. Como pastores tenemos el privilegio de darles cobija a nuestras ovejas. Una cobija tiene dos propósitos principales: primero, la protección del frío; segundo, un sentimiento de seguridad.

Protección del frío. La vida golpea fuerte y cruelmente a las personas. Es una cruel realidad que enfrentamos todos los días aquellos que tenemos bajo nuestro cuidado a las ovejas. No hay forma de evadirlo. Como pastores nos corresponde tener firme la resolución de abrazar a las ovejas en su momento de fragilidad y tormento. Siempre correrán hacia nosotros en el momento de su desesperación. A veces nos preguntarán cosas difíciles de contestar. Se descargarán en nosotros, diciéndonos cosas irrepetibles acerca de otras personas o situaciones, fruto de su frustración o angustia extrema. Le pegarán de gritos a Dios preguntándole por qué habrá permitido esta o aquella circunstancia. Se refugiarán en nuestro abrazo, en nuestra oración, en nuestras palabras. Así tiene que ser. Para eso estamos los pastores. ¡Qué privilegio que corran a nosotros primero! El poderlos proteger en esos momentos difíciles es parte de nuestra tarea y privilegio como pastores.

Sentido de seguridad. La otra parte de proteger a las ovejas es mostrar absoluta confiabilidad. Los pastores tenemos que ser excelentes confidentes. Nuestras ovejas deben poder confiarnos sus más íntimos secretos, sabiendo que lo han entregado en un puerto seguro porque lo han hablado nada más y nada menos que con su pastor. Nunca las ovejas deberían dudar o sospechar que su pastor usará esa información en su contra ni para tomar represalias contra ellas.

¡Imposible! Es otra de las maneras en que el buen pastor protege a sus ovejas. Les da un sentimiento de seguridad. Además, les ayuda a buscar soluciones. Recuerde que muchas veces en tiempo de crisis, el ser humano no piensa correctamente. Cuando la persona se ve presionada, frustrada, atacada o se encuentra en estado de emergencia, toma malas decisiones, creando así, muchas veces, problemas aun más grandes. Tenemos que ayudarla a razonar en esos momentos, a no ser drástica, y mucho menos violenta. Que se sienta segura bajo nuestro cuidado.

Uno de mis hijos, cuando era muy pequeño, tenía una manta de seda que iba con él para todos lados. No estoy seguro ni de dónde consiguió esa cobijita, pero él no podía ir a ningún lado sin ella. En ocasiones se nos quedaba en la casa y tratábamos de darle alguna otra cobija pero no funcionaba. Tenía que ser aquella mantita azul. Ninguna otra. Solo lloraba y pedía la «mantita azul» vez tras vez. Lloraba si no la tenía. Había algo que le proveía un sentido de seguridad cuando tenía esa mantita en sus manos. Sin ella, se sentía vulnerable, desprotegido. En el instante de recibirla en sus manos, dejaba de llorar y quedaba satisfecho. De la misma manera se sienten las ovejas con sus pastores. Su presencia les da seguridad. Muchas veces el pastor ni tiene que decir algo. Solo estar presente, abrazar y sonreír. Cuando está cerca, se sienten seguras las ovejas. ¡Qué privilegio es ser pastor!

AMBIENTE

Cada familia tiene su propio ambiente. Hay algunas familias que son muy serias y formales. Otras más casuales y relajadas. También existen esas familias, como la mía, que son ruidosas y llenas de hilaridad. Al paso del tiempo, cada familia ha ido descubriendo su expresión familiar particular. En la mayoría de los casos, esta expresión es en gran parte influenciada por las cabezas del hogar, por el simple hecho de que los hijos se parecen a los papás. En la congregación de ovejas es similar. El pastor tiene el privilegio de determinar qué clase de ambiente desea que haya en la casa. Es el encargado del «tono» ambiental. Se encarga de educar y enseñar a los miembros de la familia a comportarse e interactuar unos con otros. Adicionalmente, mucho lo que las ovejas aprenderán será por el ejemplo y proceder del pastor mismo. Como es él, serán ellas. Es por esta razón que muchas veces me río internamente cuando escucho a algún pastor decir que su gente es difícil y complicada, o mal agradecida y problemática. Por dentro solo puedo pensar: *Hermano, las ovejas se parecen al pastor y por donde va él, ellas lo siguen. Así que, véase al espejo. Ahí está el problema.*

Mi compromiso de pastor era que nuestro ambiente sería uno de mucha afirmación, amor incondicional y alegría. Le llamaba las tres A para un buen ambiente: afirmación, amor incondicional y alegría.

Afirmación. Siempre dando palabras de ánimo y bendición. Un compromiso de recordarles a las ovejas su futuro, no su pasado, lo que llegarán a ser, no lo que han sido. Una palmada en la espalda, un «creo en ti» cuando la oveja misma no creía en sí. La afirmación es una de las más potentes herramientas que puede utilizar el pastor para sacar del fango de su pasado a una oveja. Utilice la afirmación intencionalmente repitiendo frases como:

- Tú puedes hacerlo muy bien.

- No te rindas.

- ¡Qué buena idea!

- Gracias por escuchar.

- Gracias por ayudar.

- Tú marcas una diferencia.

- Estamos seguros de que tomarás una buena decisión.

Amor incondicional. Aceptando a las personas tal y como son. No tratando de cambiarlas, ya que reconocemos que no es esa nuestra tarea, sino la del Espíritu Santo. A nosotros nos toca amarlas, abrazarlas, recibirlas, mimarlas y consentirlas. Las conocemos, ayudamos y hacemos todo dentro de nuestro poder para que conozcan a otros, se sientan aceptadas, bienvenidas, recibidas y apoyadas. Que nunca se nos olvide que la iglesia no es un museo de cristianos perfectos, sino un hospital de personas necesitadas. Es nuestra tarea abrazar a la gente para que el Señor haga Su obra en ellos. Ámelos incondicionalmente mientras esa obra está siendo hecha.

Alegría. Una casa alegre es una casa sana. Una casa sana es una casa triunfante. Como pastor, sea el instigador de la alegría. Haga todo lo que está en su poder para que reine la alegría y el gozo en su congregación. Esto no quiere decir que siempre se la pasan a risa y risa, pero sí habla de que existe un compromiso consciente de hacer que la casa sea un lugar alegre. Que no haya sombras de tristeza en el lugar de reunión. Que los que ministran en la plataforma tengan siempre una sonrisa. Que los que reciben a la gente en la puerta sea gente amena y alegre. Haga su tarea de inyectarle al ambiente una buena dosis de buen humor, positivismo y regocijo en la familia.

En 2 Samuel 14.14 dice: «Dios no nos arrebata la vida, sino que provee los medios para que el desterrado no siga separado de él para siempre» (NVI). Que gran tarea la que fue depositada en nuestras manos. ¡Qué privilegio es liderar! El Señor nos permite cuidar de su rebaño y brindarles a las ovejas lo que necesitan para que puedan crecer y cumplir con el llamado que Él ha puesto en cada uno de sus corazones. Nos corresponde proveerles de buen alimento, cobija y ambiente. Cuando nos encargamos de tener ovejas sanas, tendremos un redil sano, creciente y abundante.

CAPÍTULO **5** LA
VITALIDAD
DEL DESCANSO

«EN LUGARES DE DELICADOS PASTOS ME HARÁ DESCANSAR».

Salmos 23.2

SEGUNDO HÁBITO
HACER DESCANSAR 2

Miriam y yo tenemos cuatro hijos: una hermosa hija, que ya es mamá, y tres varones que agradezco a Dios por habérmelos dado. Cuando eran pequeños, nos gustaba llevarlos a pasear y a conocer diferentes lugares, dentro de nuestras modestas posibilidades. En cierta ocasión, me invitaron a participar de un evento que duraría dos días en la ciudad de Orlando, en Estados Unidos. Uno de los días era de trabajo, me dijeron, y el segundo sería de diversión en el parque Disney. Me invitaron a llevar a toda la familia, y agregaron que costearían todo. Agradecimos la invitación y la aceptamos. Esa fue la primera vez que llevamos a nuestros hijos al parque Disney. Mi comentario al respecto, que tiene que ver con lo que estudiaremos en este pasaje, es que cuando uno lleva a niños pequeños a un lugar como el parque Disney, hay que entender que este lugar no es apto para los débiles de corazón. Esos chiquitos corrían de un lado para otro con una energía que parecía que se habían tomado tres de esas latitas de bebidas energéticas (Red Bull) cada uno. En varias ocasiones durante ese día, mi esposa y yo sentíamos que flaqueábamos, que no podíamos con semejante reto. Cuando regresábamos a la habitación, nos dolían los pies, la espalda, la cintura; de hecho, cualquier cosa que podía doler, dolía. A lo largo de los años me he dado cuenta de que llevar a mi familia de vacaciones puede llegar a no ser vacaciones para mí; es muchísimo trabajo. He regresado de nuestras vacaciones necesitando vacaciones de las vacaciones. ¿No le ha pasado?

Así es para muchas ovejas cuando llegan expectantes a su reunión dominical esperando entrar en el descanso del

> UNA DE LAS MÁS PELIGROSAS MENTALIDADES ES LA DE MEDIR LA ESPIRITUALIDAD DE LAS OVEJAS A BASE DE LA CANTIDAD DE TRABAJO QUE HACEN.

Señor, y se topan con un tremendo ambiente de activismo y trabajo dentro de su iglesia. De hecho, una de las más peligrosas mentalidades es la de medir la espiritualidad de las ovejas a base de la cantidad de trabajo que hacen «para el Señor». Equivaler espiritualidad con trabajo es un error. Hacemos creer a las personas que mientras más ocupadas estén, más espirituales son. Utilizamos frases como: «Mira cuán entregado está al Señor ese hermano», porque lo vemos siempre ocupado haciendo cosas para Dios. Puede ser que esa persona esté sumamente entregada al Señor, pero el medidor de su espiritualidad no debería ser la cantidad de trabajo que produce.

En ese sentido, hemos elevado el activismo a un nivel de espiritualidad que no le corresponde y, como resultado, tenemos a muchas de las ovejas ocupadas en el trabajo del Señor pero sumamente cansadas. Lo peor es que no se atreven a decir algo al respecto por temor a ser catalogados como hermanos «bajos en espiritualidad» o «faltos de entrega al Señor», o alguna de las muchas otras frases que se emplean para manipular a las ovejas con el fin de que sigan trabajando en la viña del Señor, sin hacer ruido alguno. Cansadas y calladas. Lamentable, pero cierto. Pastores, rendiremos cuentas sobre el estado de cansancio en el que se encuentran algunas de nuestras ovejas. Es nuestra tarea traerlas al descanso del Señor. El hacerles creer que si trabajan más para el Señor serán más espirituales, no es tan solo someterlas a un legalismo peligroso, sino también a yugos espirituales que Cristo rompió en la cruz del Calvario.

DESCANSAR ES INDISPENSABLE PARA SEGUIR SIENDO CREATIVO.

Cristo declaró: «Vengan a mi todos ustedes que están cansados y agobiados, y yo les daré descanso» (Mateo 11.28, NVI). Como pastores, debemos desear colaborar con esta gran obra y promesa de Cristo. Debemos buscar todas las maneras posibles para que las ovejas entren en el descanso del Señor. Debemos entender que la espiritualidad no se mide por la cantidad de trabajo que me produce esta o aquella oveja. Debemos emplear programas y sistemas donde estemos asegurándonos de que las ovejas cansadas tengan el descanso necesario. Debemos entender que hasta Dios mismo descansó en el séptimo día. Piense en eso. Si Dios mismo se tomó una pausa, ¿quiénes somos nosotros para no tomarla? Ninguno de nosotros somos mejores ni más espirituales que Dios. Si Él descansó, también nosotros debemos hacerlo.

Un día, no hace mucho, entendí que descansar es indispensable para seguir siendo creativo. La palabra *recrear* lo dice claramente: «volver a ser creativo». Cuando nos recreamos, volvemos al descanso y nos vuelve a visitar la creatividad. Cuando tratamos de forzar la creatividad sin haber tomado el tiempo necesario para recrear, nuestra creatividad será mediocre, cuando mucho. Aprendamos a entrar en el descanso del Señor.

Las ovejas cansadas no rinden igual. Se frustran. Se enojan más fácilmente. Se quejan. Se enferman. Se molestan. Ni siquiera son agradables. Con razón hay tanto pastor insatisfecho con su rebaño. Las tiene tan cansadas por el trabajo para el Señor que todas se le han rebelado y enfermado. Pero es culpa del mismo pastor. Nadie más puede aceptar esa responsabilidad.

¿CÓMO PODEMOS LLEVAR A LAS OVEJAS AL DESCANSO DEL SEÑOR?

Se da cuenta de que estamos hablando de ser intencionales en asumir nosotros la responsabilidad de seducir a las ovejas hacia el descanso, y por eso lo primero que debemos hacer es enseñarles que no es pecado descansar. Rompiendo la mentira de que si trabajan más, tendrán más aceptación con el Señor. Eso no solo es incierto, sino antibíblico. Jesús vino a llevar todas nuestras cargas en la cruz del Calvario. No podemos hacer nada más para ganar su aprobación o cariño. Cuando Él declaró «consumado es», se selló la obra de la gracia. Comenzó una nueva era de victoria bajo la gracia de Dios. Algo que no merecemos ni podemos comprar con favores, trabajo ni dinero. Algo que solo podemos recibir por fe, gratuita y libremente. Algo que no tiene nada que ver con nuestro comportamiento ni rendimiento. Solo tiene que ver con Su enorme capacidad de amarnos incondicionalmente. Esto tenemos que enseñárselo a nuestras ovejas. Ayudarles a entender que Jesús lo terminó todo en la cruz. Que solo tenemos que recibir Su amor, favor, bondad, misericordia y todos los demás regalos que tiene para darnos. Vivir en el descanso del Señor es vivir en Su gracia.

Lo siguiente es ayudar a las ovejas a entender lo que es vivir en un balance. Trabajar pero no obsesionarse con el trabajo ni ser excesivos. Enseñarles que está bien que tomen descansos de sus tareas, no solo en la iglesia, sino en los trabajos de sus fuentes de ingresos. Que se vayan a pasear con sus familias. Que puedan ver otras opciones de ministerio dentro de la congregación o simplemente tomar un tiempo de descanso en el que solo estén sentados recibiendo.

La cultura de la casa es determinada por el pastor. Si él es obsesivo con que todos trabajen, así serán las ovejas. Si él es cuidadoso en enseñar a las ovejas a descansar, así serán ellas. El pastor tiene tanto el privilegio como la responsabilidad de establecer la cultura de la casa. Así que establezcamos una cultura de balance en nuestro rebaño.

Supe de una hermana que tenía tantos años en el ministerio de sala cuna que estaba molesta y enojada con todos. No había tomado un descanso en más de diez años de este ministerio. Cuando entró a trabajar ahí, era todo amor. Trataba bien a los bebés y cuidaba de cada detalle. Al paso de los años, por su experiencia y fidelidad, la pusieron como la líder de la sala cuna. Era la encargada. Al principio le encantaba el trabajo. Pero al pasar de los años, se fue cansando, lo cual es normal, humano. Sin embargo, se quedó callada porque no quería ser catalogada como alguien «falto» de espiritualidad. Así que comenzó a sufrir en silencio. Nadie sabía cuál era la fuente de su malestar. Ella se sentía atrapada, aprisionada. Le entró la amargura de estar en esa situación sin tener el recurso de ir con alguien para quejarse porque todos la veían como una líder y santa, por ser tan entregada a ese ministerio durante tantos años. De pronto, un día explotó. Perdió la calma. Armó un tremendo problema, y todo el mundo se sorprendía de que esta santa de Dios estuviera causando tal berrinche. Pero no se habían dado cuenta de que esa bomba se había armado dentro de ella por muchos años. ¿Cómo lo pudieron haber evitado? Creando una cultura de descanso y balance. De vez en cuando darle días libres. Buscar a más personas para que la apoyaran. Dejar que se tomara algunos meses de estar en la reunión general sin tener que trabajar. Esta cultura la puede establecer el pastor, enseñando a sus ovejas lo que es vivir en el balance y proveyendo un ambiente donde puedan descansar.

Lo tercero es manteniendo una estabilidad en los programas dentro de la iglesia. Planificar un calendario inteligente

LA PERSONA TÍPICA NO TIENE LA CAPACIDAD EMOCIONAL PARA SOPORTAR PREDICACIONES LARGAS.

es fundamental. Muchos pastores cometemos el error de cambiar constantemente los programas. Asistimos a un Congreso de Pastores en algún sitio donde trabajan de esta o aquella manera. De pronto queremos montar un programa igual dentro de nuestra iglesia. Volvemos de ese evento a cambiar y modificar todo. Ponemos a correr al staff pastoral para sacar nuevo material didáctico y acomodar el nuevo programa. Les pasamos la enseñanza para que aprendan las nuevas normas y reglas que ahora se aplicarán. En esos momentos todos ellos tienen que olvidarse de lo anterior y dedicarse a este nuevo programa. Se crea mucho estrés y trabajo, adicional al que ya tienen todos los días. Muchas veces, el pastor no se da cuenta de que esos cambios tienen el potencial para crear frustración en las ovejas. No solamente las que están en el ministerio con él, sino las que están sentadas en las sillas cada semana. Una semana conocen un nuevo programa para que a la semana siguiente se lo cambien por otro. Justo cuando tomaron cierto ritmo y conocimiento de un programa, ahora tienen que aprender uno nuevo. Algunos pastores cambian de programas en la iglesia con la misma frecuencia con que se cambian de ropa. Cuando los miembros del staff saben que el pastor está saliendo para otro congreso de pastores, se ponen todos a temblar y a preocuparse porque saben que eso significará, seguramente, que volverá con un nuevo programa que tendrán que establecer. En algunas iglesias hay equipos enteros orando e intercediendo para que su pastor no asista a ningún congreso de pastores.

La palabra clave en esta sección es *continuidad,* o si quiere una alternativa: *estabilidad.* La continuidad trae descanso. Se lo aseguro. Antes de cambiar un programa por otro, consulte a muchos de los miembros de su staff. Hable con algunas de las ovejas de su congregación. Determine si es algo necesario, en lugar de regresar de ese evento donde usted se emocionó con algo nuevo y distinto. No todos los programas que vemos en otras iglesias los tenemos que armar en la nuestra. Ni hablar de saber si funcionará o no. La continuidad traerá descanso. Cuando al fin es tiempo de cambiar un programa porque ya no funciona o porque se ha encontrado algo mejor, hay que hacerlo. Pero que se haga de tal manera que no deje exhaustas a las ovejas.

Cuarto, no trasquile constantemente a sus ovejas. Se ha dicho, en son de broma, que algunos pastores lo único que quieren de las ovejas es su «lana». En México y otros países usamos esa palabra refiriéndonos al dinero. Aunque nos riamos de ello, es cierto que pareciera haber algunos pastores que solo están pide y pide dinero de sus ovejas en nombre del Señor. Cuidado. Siempre «trasquilándolas» para ver cuánto pueden dar es manipulación, y tarde o temprano esto cansa y lastima a las ovejas. Creo poder decir con la absoluta autoridad de la experiencia que una de las razones más nombradas por las que muchas personas dejan de asistir a ciertas iglesias es por sentirse víctimas de la presión que reciben de parte de sus pastores, quienes constantemente piden dinero y más dinero. Simplemente, cansa.

Como pastores, es importante que sepamos cuándo sí y cuándo no debemos pedir dinero y, sobre todo..., ¿por qué y para qué pedimos dinero? Hay que ser bíblicos, transparentes, y mantener un balance en este aspecto. Entiendo los principios de siembra y cosecha, y estoy de acuerdo en que Dios lo ha diseñado de una manera maravillosa mediante la cual las ovejas tienen el gozo de participar en la obra del

DESCANSAR ES BÍBLICO, UN MANDATO DE DIOS Y BUENO PARA TODOS.

Reino. Así debe ser. Ofrendar es adorar. Sin embargo, el excesivo y constante pedir está creando una tensión en las ovejas, que usted, como pastor, debe entender. Debemos medirnos y ser justos. Tenga el respeto suficiente por sus ovejas como para saber que la bendición de Dios en sus vidas no es solamente con el fin de que usted tenga más y más dinero para hacer más y más proyectos, por muy fabulosas y hasta heroicas que puedan ser algunas iniciativas. Sepa administrar la visión que Dios le ha dado de manera sabia, y no canse a sus ovejas.

Quinto, no predique tan largo. He dicho en son de broma que a algunos pastores les gusta predicar la Palabra «eterna» de Dios. La persona típica no tiene la capacidad emocional para soportar predicaciones largas. Se hace tedioso, no sirve en la comunicación y, repito esta idea de nuevo: cansa. Además, la mayoría de las personas no tienen la disciplina para estar sentadas por esas largas horas. Encima, aun los que estudiamos mucho, no tenemos la habilidad mental ni intelectual para entender y procesar tantos conceptos a la vez. El pastor tiene que saber medir su palabra para que sea digerible por toda la congregación. Si le gusta enseñar más, mi sugerencia es que comience un estudio entre semana al que puedan asistir todos aquellos que consideran tener una intelectualidad más robusta y desean o pueden soportar más contenido. Pero en la reunión general, el alimento debe ser adecuado a la mayoría de los presentes.

Como pastores debemos entender que la mayoría de las personas de esta generación son de muy corto rango de

LAS OVEJAS DESCANSADAS Y SANAS PRODUCEN CONGREGACIONES DESCANSADAS Y SANAS.

atención. Debido a cómo la sociedad la ha ido programando para cambiar rápidamente de tema (medios sociales, televisión, teléfonos inteligentes, etc.), esta generación tiende a buscar algo nuevo en qué poner su atención aproximadamente cada cinco a siete minutos. Es imposible que un pastor se quede en un tema por más de cincuenta minutos y crea que todo el mundo va a permanecer tranquilo. Pastor, les haré un gran favor a sus ovejas. Como tienen miedo de decírselo, se lo diré yo, en nombre de ellas: sus mensajes, si pasan de los treinta y cinco a cuarenta minutos, son demasiado largos. ¡Ya! Se lo dije. Todas sus ovejas están brincando de alegría porque alguien, al fin, se atrevió a decírselo. No canse a sus ovejas con largas predicaciones. Se dice que el mordaz comediante Groucho Marx comentó acerca de una obra de teatro que vio: «He disfrutado mucho con esta obra de teatro. Especialmente en el descanso». Y aunque no se lo confiesen los miembros de su iglesia, le aseguro que muchos sienten lo mismo acerca de las reuniones.

Sexto, enséñeles a disfrutar de solo «estar» en la presencia del Señor. Que gocen de la alabanza y adoración. Que se deleiten en las prácticas espirituales de la oración, meditación, lectura de la Palabra y memorización. Estas disciplinas pueden ser las más importantes en cuanto a llevar a sus ovejas al descanso del Señor. Enseñemos a las ovejas a aquietar su alma, apagar el ruido a su alrededor y escuchar la voz suave y tierna del Pastor de pastores. No hay mejor disciplina que les podamos enseñar a las ovejas que estar quietos en la presencia de Dios: «Estad quietos, y conoced que yo soy Dios» (Salmos 46.10).

«En lugares de delicados pastos me harás descansar». ¡Qué belleza de pasaje! Qué privilegiados somos los pastores al poder llevar al descanso a nuestras ovejas. Una de las metas que me proponía domingo a domingo era que las ovejas se fueran a sus casas con un sentimiento de satisfacción por haber estado en la casa de Dios. Que se sintieran amadas, refrescadas y renovadas. Que se fueran con ánimos para enfrentar la nueva semana que comenzaba. También, deseaba que se fueran con algún conocimiento práctico de cómo incluir a Dios en sus actividades diarias. Por último, quería que se fueran con deseos de volver. Que se les hiciera cortito. Mil veces prefiero que digan: «Qué cortita se me hizo esa reunión», a que digan: «Prueba superada». Es horrible estar en una reunión donde uno nunca sabe a qué hora terminará ni qué es lo que ocurrirá. Es frustrante y agotador. Comience a tiempo y termine a tiempo si desea que las ovejas regresen las semanas siguientes.

Ese gran general libertador del pueblo de Israel llamado Moisés escribió: «Acuérdate de que en seis días hizo el Señor los cielos y la tierra, el mar y todo lo que hay en ellos, y que descansó el séptimo día. Por eso el Señor bendijo y consagró el día de reposo» (Éxodo 20.11, nvi).

Descansar es bíblico, un mandato de Dios y bueno para todos, por eso las ovejas descansadas muestran las siguientes características:

- Libres de temor.
- Libres de fricciones y pleitos.
- Libres de molestias (las pulgas que suelen apegarse a ovejas cansadas; las moscas que ni pueden espantar).
- Libres de hambre.
- Libres de contiendas (chismes, intrigas).
- Libres de confusiones (seguras de sí mismas).

- Libres de indecisión (activas, involucradas, balanceadas).

Las ovejas descansadas y sanas producen congregaciones descansadas y sanas.

MIS **NOTAS**

LOS **8**
HÁBITOS DE LOS
**MEJORES
LÍDERES**

CAPÍTULO **6** EL
EFECTO DEL
AGUA

«JUNTO A AGUAS
DE REPOSO ME
PASTOREARÁ».
Salmos 23.2

TERCER HÁBITO
PASTOREAR **3**

Hace muchos años descubrí que el agua tiene un efecto muy importante dentro de mí. Me inspira y calma. Me motiva y refresca. Me gusta estar en el mar, los lagos, los ríos, y aun en la piscina. Hay algo acerca del agua que me refresca el interior. De hecho, al escribir estas palabras, me encuentro frente al mar. Hace mucho tiempo supe que si escribo delante del mar, me resulta más ligero el ejercicio. Desde un balcón en el quinto piso del condominio que renté, puedo ver y escuchar las olas, contemplar el reflejo del sol sobre las aguas y sentir la brisa que hace bailar a las palmeras. El único desafío que estoy teniendo en este momento es el de mantener la disciplina mental suficiente como para no salir corriendo a una hermosa piscina en el primer piso, en la que tengo muchas ganas de meterme. Leonardo da Vinci aseguró que el agua es el efecto motriz de la naturaleza. El agua nos invita a ser renovados.

Acabamos de asegurar en el capítulo anterior que las ovejas necesitan descanso, y la siguiente afirmación del poderoso salmo 23 nos detiene en las aguas de reposo. Sin lugar a duda, la armonía en las dos frases de este mismo versículo es hermoso, «delicados pastos [...] aguas de reposo». Pasto y agua. La comida balanceada. Los dos ingredientes indispensables para tener saludables a las ovejas. Lo he dicho ya varias veces y me toca repetirlo una vez más: ¡qué privilegio es liderar! Qué honor poder llevar a las ovejas no solo a los pastos delicados y deliciosos del Señor, sino también a sus refrescantes y vigorizantes aguas.

EL AGUA TIENE VARIOS SIGNIFICADOS DESDE EL PUNTO DE VISTA DE LA REVELACIÓN BÍBLICA.

El agua tiene varios significados desde el punto de vista de la revelación bíblica. Primero, es símbolo de la misma Palabra de Dios. En varias ocasiones leemos versículos que hablan de ser lavados y purificados. En una de esas citas, en el Nuevo Testamento, aprendemos que podemos ser purificados mediante el lavamiento por la Palabra de Dios (Efesios 5.26). Igualmente, Jesús dice que Él es la fuente de agua de vida eterna. En la conversación que sostiene con la mujer samaritana, hablan de la diferencia entre el agua que ella viene a tomar del pozo de Jacob y el agua que Jesús le está ofreciendo. Él, por primera vez en la historia de la humanidad, profiere las siguientes palabras: «El que beba del agua que yo le daré, no volverá a tener sed jamás» (Juan 4.14, NVI). Claramente, Jesús es la fuente de satisfacción más importante que el hombre haya conocido.

Cuando pienso en Jesús como la fuente de agua de vida eterna y lo relaciono con la encomienda de llevar a las ovejas a las «aguas de reposo», no puedo dejar de pensar que una de mis tareas como pastor es acercar a las ovejas al Señor Jesús. Él es la fuente de agua viva. Todo se trata de Él. De lo que hizo en la cruz por nosotros. Si logramos enseñarles a las ovejas acerca de todo lo que Jesús ganó por nosotros al tomar nuestro lugar en la muerte, con el fin de que se enamoren de Él y se acerquen más a Él, entonces habremos hecho bien nuestra tarea pastoral. Todo tiene que ver con Él. Todo es por Él y para Él. Nada existe fuera de Él. Siempre debemos asegurarnos de estar llevando a las ovejas del Señor a su Señor. Toda la atención tiene que ser puesta en Él. Toda la

EL TRABAJO DEL ESPÍRITU SANTO ESTÁ SIEMPRE CENTRADO EN LAS PRIORIDADES DEL SALVADOR DEL MUNDO.

gloria tiene que ser dada a Él. Nadie más puede recibir gloria o atención. Incluso, aunque pueda sorprender al creyente promedio, quien estudia la Biblia sabe que esa también es la prioridad central del mismísimo Espíritu Santo: exaltar a Jesucristo.

Jesús mismo explicó: «Todo esto lo digo ahora que estoy con ustedes. Pero el Consolador, el Espíritu Santo, a quien el Padre enviará en mi nombre, les enseñará todas las cosas y les hará recordar todo lo que les he dicho» (Juan 14.25–26, NVI), y aunque en los últimos años la iglesia haya pretendido darle un lugar por encima de Jesús que Él no se da a sí mismo, el trabajo del Espíritu Santo está siempre centrado en las prioridades del Salvador del mundo.

En nuestra cultura hispana, desafortunadamente tendemos a ser un poco idólatras. Les damos excesiva atención a ciertos hombres y mujeres, actuales o históricos, muchas veces confundiendo la línea fina que existe entre admiración y adulación. Hemos crecido con mucha iconografía a nuestra alrededor. Tenemos la costumbre de sacar periódicamente los íconos a las calles y pasearlos entre la gente, rindiéndoles cierto culto y homenaje. Nos acostumbramos a ver estas estatuas, retratos y símbolos de hombres y mujeres que vivieron en otros tiempos, a quienes les rendimos devoción mediante música, baile y otras muestras simbólicas. Es una parte integral y arraigada de nuestra cultura y herencia. Por eso creo que en muchos lugares del mundo hispano, la palabra del «jefe» sigue siendo una que esclaviza a multitudes,

SI HACEMOS CUALQUIER COSA PARA QUE LAS OVEJAS DEPENDAN DE NOSOTROS, ESTAREMOS EN PROBLEMAS, Y ELLAS LO ESTARÁN TAMBIÉN.

y la acatan simplemente porque es el venerado, el que está encargado.

Podemos observar cómo a lo largo de la historia, ciertos hombres fuertes se han apoderado de sus pueblos y los gobiernan con tanta fuerza que los que estamos fuera de esos regímenes nos sorprendemos de la cantidad de poder que ejercen sobre sus pueblos. Les produce resultados en muchos lugares porque los hispanos tenemos una cultura de veneración. Nadie quiere hablar en contra del «jefe», del encargado, del hombre poderoso. He visto a personas educadas, profesionales y cultas golpearse y patearse con el fin de saludar al presidente de su país, por ejemplo. Se rebajan a un frenesí alocado por tanta admiración que le tienen. Me parece que esta es una mentalidad peligrosa y dañina.

Los que deberíamos mantenernos lo más lejos posible de ese pensamiento somos los seguidores de Jesucristo. No podemos participar en una cultura que promueve el culto al hombre, sea ese hombre quien sea. Debemos acompañar la prioridad del Espíritu Santo en nosotros y siempre enseñar a nuestras ovejas que el único que merece la gloria es nuestro Señor Jesús. Nadie más. Acercarlos a Jesús es acercarlos a la fuente de «las aguas de reposo». Nadie más. Solo Jesús puede dar reposo al alma porque Él es la mismísima fuente que no deja de dar agua.

Si hacemos cualquier cosa para que las ovejas dependan de nosotros, estaremos en problemas, y ellas lo estarán también.

Nosotros no somos fuentes de nada. Solo Jesús es fuente de agua viva. El profeta Isaías entona la siguiente canción:

> ¡Dios es mi salvación!
> Confiaré en él y no temeré.
> El Señor es mi fuerza,
> el Señor es mi canción;
> ¡él es mi salvación!
> Con alegría sacarán ustedes agua
> de las fuentes de la salvación.
> (Isaías 12.2–3, NVI)

Siempre tenemos que dirigir la mirada a Jesús. Ni se nos ocurra aprovecharnos de la cultura de veneración que existe en nuestros pueblos como para acercarlas a nosotros mismos. Qué peligrosos son esos terrenos. Más de un líder ha caído en el error de pensar que él es el representante único y oficial de Dios en la tierra, y se ha dado un lugar de autoridad que no le corresponde, dando órdenes y gobernando vidas de tal manera que le rindan culto a él y no a Jesús. Guardemos nuestro corazón de toda tentación de aprovecharnos del lugar de privilegio que ocupamos en el corazón de las ovejas para obtener algún tipo de beneficio personal. Cada vez que observo esas actitudes en ciertos líderes cristianos, mi corazón se duele profundamente, tanto por las ovejas que están siendo engañadas por este hombre sediento de atención y poder, como por el Señor que está siendo colocado a un lado por este mentecato que cree que puede apropiarse de lo que únicamente le pertenece al Señor.

Hagamos siempre todo lo que está en nuestro poder para acercar a las ovejas a nuestro precioso Salvador y Mesías, Jesús de Nazaret. Solo Él merece la gloria por todo lo que ha hecho y hará por Sus ovejas. Él es el Salvador. El Mesías. No se nos olvide nuestra posición como pastores: somos

PASTOREAR SIGNIFICA «VIGILAR MIENTRAS COMEN».

mayordomos de Sus ovejas y nada más (Ezequiel 34.31). Son las ovejas de Su prado, compradas por Su sangre, redimidas por Su obra en la cruz. Todo el agradecimiento y el reconocimiento deben ser siempre solo para Él.

Cuando acerquemos a las ovejas a Jesús, gozarán de un reposo que ninguna otra persona, posesión o posición podrían darles. ¿Cuál es nuestra tarea como pastores? Acercarlas a Jesús para que reciban reposo; adicionalmente, este versículo nos indica que debemos pastorearlas. Intrigante y distinta es esta palabra. No la utilizamos mucho en el vocabulario cotidiano. Significa «llevar los ganados al campo y cuidar de ellos mientras pacen». Cuidar de ellos mientras comen. Vigilarlos para que estén tranquilos y seguros mientras pastan en los campos. Interesante, porque implica que la tarea del pastor es una de reposo también. Después que los guía al alimento, él solo tiene que estar cerca para asegurarse de que no les pase nada o evitar que alguna amenaza se les pueda acercar para molestar. Me intriga saber que el pastor también puede descansar mientras las ovejas descansan. Es descanso para ambos.

Hay algunos líderes que les fascina estar ocupados en los detalles de cada aspecto de la vida privada y pública de sus ovejas. Se justifican con los versículos que dicen algo de tener que rendir cuentas por las ovejas y demás. Sin embargo, de nuevo es importante reconocer que hay un límite para nuestra autoridad, como pastores, en la vida personal y privada de la gente. Mi tarea, como pastor, es llevarlas a los pastos, velar por que estén bien y, entonces, dejar que ellas tomen la decisión de si se comen el pasto o no.

> ## LA FUENTE DE AGUA ETERNA QUIERE REFRESCARNOS, LAVARNOS Y VIGORIZARNOS CON SU REPOSO.

Ni siquiera tengo el deber de forzarlas a que coman. Deténgase aquí por un momento y vuelva a leer.

Ahora sí. Esa es una decisión de ellas. No tengo que estar vigilando cada movimiento, cada palabra, cada decisión que la oveja quiera tomar. Es mi tarea acercarla a Jesús (fuente de las «aguas de reposo»), dejar que paste a gusto y quedarme tranquilo, a menos que haya algún peligro del que la tenga que proteger. Visto de esta manera, no es tan complicado ser pastor. Creo que muchas veces nos adjudicamos tareas y responsabilidades que no nos corresponden. Evitemos la tentación de ser tan «vigilantes» de las ovejas que nos convirtamos en intrusos de sus vidas privadas.

PROTEGERLAS

Una de las cosas que podemos vigilar es que no beban de charcos sucios y lodosos donde se exponen a toda clase de veneno o enfermedad. Podemos asegurarnos de que las aguas en casa sean tan cristalinas y puras que no querrán nunca más beber de otras aguas. Trabajar de tal manera que el alimento sea tan delicioso en la mesa familiar que ni se les ocurra ir a algún otro lugar. Si se van a otro prado o a otro redil con otro pastor, que sea porque han madurado de tal manera que Dios los está moviendo para allá, y los enviamos con nuestra bendición y alegría. Pero que no se los lleven bajo premisas de engaño ni falsedad. Eso hace nuestra tarea aun más crucial: tener agua limpia y pura, comida tan deliciosa y bien condimentada que ni se les ocurriría ir a algún otro lugar.

Si bien la palabra *pastorear* significa «vigilar mientras comen», hay muchas cosas de las que podemos asegurarnos para el bien de nuestras ovejas:

- Vigilar por su crecimiento.

- Vigilar por su descanso.

- Vigilar por sus buenos hábitos de comer.

- Vigilar por su comunión con las demás ovejas.

- Vigilar por su contentamiento.

- Vigilar por su alegría.

- Vigilar porque siempre se acerquen a Jesús.

Un viejo proverbio inglés dice que «nunca se aprecia el valor del agua hasta que se seca el pozo», pero también es cierto que podemos acostumbrarnos a vivir en el desierto y conformarnos con muy poco acceso a ella. La mejor noticia que tenemos y que podemos dar es que la fuente de agua eterna quiere refrescarnos, lavarnos y vigorizarnos con su reposo.

MIS **NOTAS**

CAPÍTULO **7** LOS
BRAZOS
DEL **PASTOR**

«CONFORTARÁ MI ALMA».

Salmos 23.3

CUARTO HÁBITO
CONSOLAR 4

Existen ocasiones en que las palabras no alcanzan para enfrentar un momento difícil, y el único remedio funcional es un abrazo silencioso. No necesitamos que nos den consejos ni opiniones. No es necesario que profieran pésames o declaraciones emocionales. Solo necesitamos que alguien querido venga y ponga sus brazos alrededor de nuestros hombros, se quede en silencio y permita que el abrazo lo diga todo. En esa acción hay una paz y un descanso que ninguna otra cosa puede o podría traer. Ese es el poder de la consolación, otra de las tareas del buen pastor.

A muchos pastores se nos olvida que uno de los ministerios más importantes del Espíritu Santo es el de Consolador (Juan 14.26). Cuando ejercemos el consuelo estamos actuando en nombre de Él. Estamos permitiendo, literalmente, que nuestros brazos sean los del Consolador. Que nuestras palabras sean las de Él. Que nuestras manos y nuestras acciones sirvan de representantes del Santo Espíritu de Dios. Qué distinción tan alta nos confiere el Señor al permitirnos ser Sus manos, Sus palabras y Sus brazos para el necesitado, el desamparado y desesperado. No perdamos de vista que la gente está «rota», con muchísimos problemas, necesitada de una palabra de aliento o simplemente de una persona que venga y se pare a su lado mientras pasa el momento amargo.

Creo en el poder del Espíritu Santo. Creo en la unción del Espíritu Santo. Creo en toda la expresión de los dones y las manifestaciones del Espíritu Santo. Creo, no solamente porque es parte de mi formación teológica y porque encuentro congruencia en la Biblia para sostener que esos dones y

EXISTE UN DESEQUILIBRIO CUANDO SOLO BUSCAMOS EL PODER Y LAS MANIFESTACIONES DEL ESPÍRITU SANTO.

esas manifestaciones son para nuestra vida diaria, sino porque los he visto y experimentado de primera mano.

El poder de la acción del Espíritu Santo y las manifestaciones milagrosas han sido constantes en mi vida ministerial desde hace más de treinta y dos años. Sin embargo, también creo que existe un desequilibrio cuando solo buscamos el poder y las manifestaciones del Espíritu Santo, olvidando o menospreciando los demás aspectos y las verdaderas prioridades del Espíritu Santo de Dios. Él es Maestro que nos recuerda, es Guía que nos dirige, es Compañero y Presencia que nos acompaña, es Consolador que nos abraza, entre muchas otras cosas. Sin embargo, en nombre de buscar del Espíritu Santo veo a muchos líderes tan entusiasmados con la idea de ser «poderosos», buscando los dones «espectaculares» de sanidades y milagros, innegables y necesarios, que se olvidan de la vitalidad de comprender que cuando se da un abrazo consolador en nombre del Señor, esa simple acción es tan poderosa como el milagro de un paralítico levantándose de su silla de ruedas y corriendo.

El abrazo consolador puede ser tan milagroso en el corazón del triste, como cualquier otro milagro. Hace falta que entendamos que un don no es más especial que otro por su efecto visible. Son todos necesarios y son todos deseables. Por eso el apóstol Pablo escribe: «Procurad, pues, los dones mejores» (1 Corintios 12.31). ¿Cuál es el mejor don? El que es necesario para el momento. El mejor don es aquel que suple la necesidad del momento. Cuando se necesita sanidad, no hace falta la interpretación de lenguas. Cuando se necesita

> **EL ABRAZO CONSOLADOR PUEDE SER TAN MILAGROSO EN EL CORAZÓN DEL TRISTE, COMO CUALQUIER OTRO MILAGRO.**

profecía, no hace falta la sanidad física. Cuando hace falta echar fuera un demonio, no ocupamos otro don. En fin, los mejores dones son aquellos que mejor suplen la necesidad de cada circunstancia con precisión. No hay uno más grande que el otro o más importante que el otro. El dar un abrazo consolador en el nombre del Señor puede ser tan importante que cualquier otro ministerio o don del Espíritu Santo, cuando es momento de utilizar ese don específico y no solo para el necesitado, sino desde la mismísima perspectiva de Dios.

Yo temo que por andar buscando muertos para resucitar hemos pasado por alto muchas oportunidades de abrazar a gente necesitada, que aún vive. Hay miles de necesitados a nuestro alrededor y es hora de ejercer parte de nuestro llamado y cumplir con esta extraordinaria tarea de mostrar consuelo y confortar el alma de aquellos que sufren.

Por si no queda claro, creo absolutamente en el poder restaurador y sanador de la consolación. No tan solo porque lo veo como ministerio legítimo en la Biblia y por el hecho de que Jesús dedicó gran parte de su ministerio consolando al necesitado, sino por lo que mis ojos han visto como resultado de implementar programas específicos, diseñados con el único fin de consolar y ayudar al necesitado. Domingo tras domingo, cuando abrazaba a las personas después de las reuniones semanales, me alegraba mucho el ponerlos en contacto con los diversos ministerios permanentes de consuelo que teníamos implementados en la congregación. Más adelante le daré detalles de algunos de ellos.

> **TEMO QUE POR ANDAR BUSCANDO MUERTOS PARA RESUCITAR HEMOS PASADO POR ALTO MUCHAS OPORTUNIDADES DE ABRAZAR A GENTE NECESITADA.**

Quiero enfatizar que el ministerio de la consolación no es algo que sucede por coincidencia. Tenemos que planearlo. Tenemos que ser intencionales y preparar a otros líderes para discernir la eficacia de consolar. También debemos levantar ministros que servirán en este hermoso propósito de manera más específica. En este caso, no puede ser cualquier persona. Tienen que ser personas que no solo tengan una carga especial por los necesitados, sino que se capaciten en consejería y sean líderes que también posean el don de abrazar y llorar con los que lloran y reír con los que ríen. Debemos enseñarles la conducta ética de un ministro de consolación, ya que escucharán muchas cosas y presenciarán otras que tendrán que saber sobrellevar. No es un ministerio para neófitos y recién ingresados al Reino. Es una obra que requiere de madurez, disciplina, entrega e, incluso, profesionalismo. Por eso, como pastores, tenemos que preparar a nuestros ministros para llevar correctamente el ministerio de la consolación. Debe ser algo planeado, enfocado y al que le dedique usted, como pastor, tiempo, esfuerzo y dinero. En la medida en que hagamos bien la tarea de consolar al necesitado, estaremos alcanzando más efectivamente a nuestras ciudades. La voz correrá cuando el testimonio persistente sea que en nuestras congregaciones se encuentra consuelo.

Un día el Señor me despertó a la necesidad de entender que cuando lloramos con el que llora en su momento de necesidad, esa persona jamás olvidará a quien lloró con ella. Es un hecho, uno nunca olvida a quien nos acompañó en nuestro momento de crisis y necesidad. El haber llorado juntos,

> CUANDO LLORAMOS CON EL QUE LLORA EN SU MOMENTO DE NECESIDAD, ESA PERSONA JAMÁS OLVIDARÁ A QUIEN LLORÓ CON ELLA.

en ese momento tan especial, creó un vínculo en nuestros corazones que jamás se olvidará. Por eso es tan importante este ministerio. Le enseñaba a nuestra congregación que lloraran con las personas aun si estas no asistían a la congregación. Mi convicción es que si nos despreocupáramos un poquito más de cuántos asisten o no a nuestras reuniones, podríamos lograr mejor la tarea del Espíritu Santo y consolar a las personas, solo por virtud del ministerio mismo. Qué triste es que existan iglesias que se reservan el abrazo solo para aquellas personas que asistan con frecuencia. Como si dijeran: «Los que no asisten a esta iglesia regularmente, a ver dónde pueden buscar sus abrazos. No hay para usted aquí». En el libro de los Hechos leemos que Jesús sanó e hizo bien a todos (Hechos 10.38), no solo a los que eran miembros de «su iglesia» o pertenecían a su pequeño grupo de discípulos. De la misma manera debemos comportarnos usted y yo, en representación del Señor Jesús. Que no nos importe si la gente asiste, asistió o asistirá a nuestra congregación. Que nos importe ser las manos, los brazos y besos del Espíritu Santo.

En los siguientes párrafos le invito a considerar algunos programas permanentes para consolar:

MINISTERIO DE HOSPITALES

En Houston, Texas, donde actualmente vivimos Miriam y yo, existe el centro médico más grande del mundo entero. Cada día había un grupo de personas de la congregación que visitaban los hospitales para orar por los enfermos y consolar a los necesitados. Me alegraba mucho que al final de cada reunión, cuando las personas se me acercaban para decir: «Pastor, tengo un familiar en el hospital. ¿Quién puede ir a orar con él/ella?», había ahí, parado a mi lado, uno de los del ministerio de hospitales que tomaba los datos y muchas veces dentro de las veinticuatro horas se estaba realizando esa visita. Recuerdo haber conocido de uno de los hermanos del ministerio de hospital que, muchas veces, salía esa misma tarde buscando al necesitado para orar con él o ella. Le gustaba mucho su llamado a los hospitales. Me contó que varias veces, al ir a orar por uno en particular, el Espíritu Santo le mostraba otros que también necesitaban oración y entraba sin preámbulos a sus habitaciones para orar con ellos. Muchas veces este caballero, y muchos otros del ministerio de hospitales, vieron poderosos milagros obrados por la mano de Dios.

MINISTERIO DE CÁRCELES

Existen pocos lugares en el mundo mejores que una cárcel para mostrar el cariño y abrazo del Espíritu Santo. Algunas de las personas que se encuentran ahí no merecen estarlo, y sus vidas han sido devastadas y destruidas por algún error de la justicia. Quizá no podemos hacer algo para sacarlas de la cárcel, físicamente hablando, pero podemos ayudarlas a que su alma vuele libre y no sea prisión de la angustia y soledad que tantos experimentan en ese lugar. Otros, que sí están cumpliendo con una condena debido a algún delito que cometieron, también encuentran perdón y esperanza en Cristo Jesús. En cualquiera de los casos, los presos nunca se olvidarán de quienes fueron a visitarlos y a darles un abrazo mientras estuvieron adentro.

> QUÉ TRISTE ES QUE EXISTAN IGLESIAS QUE SE RESERVAN EL ABRAZO SOLO PARA AQUELLAS PERSONAS QUE ASISTAN CON FRECUENCIA.

MINISTERIO DE CRISIS

La más perfecta de las oportunidades para ejercer el ministerio de la consolación es cuando las personas enfrentan una crisis. Esta es quizá la más complicada de manejar porque hay crisis de todo tipo, y hay que tener ministros muy capaces para enfrentarlas con las personas. Recuerde que en una crisis, la gente muchas veces pierde coherencia y raciocinio. En ocasiones, como ministros tendremos que pensar por ellos y aun actuar por ellos. Por eso es importante establecer un programa de entrenamiento para estos ministros. Existen materiales ya desarrollados y disponibles para entrenar correctamente a sus ministros con el fin de hacer bien este papel. Uno de los mejores que he visto se llama Ministerios Stephen. Sus materiales son accesibles y cubren muy bien el tema. Es un entrenamiento intensivo que dura varios meses, pero podría convertirse en uno de los mejores brazos ministeriales de cada congregación. Jamás se olvidarán a las personas de aquella congregación cristiana que caminó con el que enfrentaba una crisis durante sus peores momentos. Nunca dejarán de agradecerle. Posiblemente se congregue después, posiblemente no. Sin embargo, repito, nuestra motivación no debería ser agregar miembros a la congregación, sino ejercer el ministerio del Espíritu Santo para el necesitado.

MINISTERIO DE CONSEJERÍA

En ocasiones tenemos que ayudar a las personas de manera más profunda y continua. Su situación no es algo

EL ESPÍRITU SANTO ESTÁ CONSTANTEMENTE BUSCANDO A QUIENES CONSOLAR.

solucionable a corto plazo. Para ello podemos ofrecer consejería. Este ministerio requiere personas altamente capacitadas. Quizás más que cualquiera de los otros que he mencionado debido a la naturaleza delicada en la que hay que llevar la consejería. De hecho, en algunos países existen leyes que rigen cómo una iglesia puede o no participar en la consejería de las personas. Es importante que como pastores conozcamos estas leyes y nos aseguremos de que nuestros equipos ministeriales las estén acatando al pie de la letra, para evitar cualquier sanción, escándalo o tropiezo legal desafortunado. Es importante poner a las personas correctas en cada ministerio, pero seamos aun más cuidadosos en este. Debemos colocar a personas de mucha experiencia, sabiduría y madurez ministerial, además de haber recibido el necesario entrenamiento específico en el área de la consejería.

CONSEJOS PRÁCTICOS PARA CONSOLAR

1. No hable tanto. Deje que el Espíritu Santo hable. Una vez escuché a una persona decir: «Hablo más de lo que explico». Es tan cierto que muchas veces decimos palabras de más. En este hermoso ministerio es importante que nuestro abrazo hable y no nuestra boca. Permita que su presencia hable fuerte, al igual que su sonrisa. En cierta ocasión llegué a un triste funeral, ya que se trataba de una familia que enterraba a su hijo. Estos funerales son más difíciles que otros porque que los hijos mueran antes que los padres pareciera ser el orden contrario al orden normal de la naturaleza. El orden natural es que los hijos enterremos a los padres, no al

¿QUIÉN DE NOSOTROS NO HA NECESITADO CONSUELO ALGUNA VEZ?

revés. Eso hace que el dolor en estos funerales sea aun más intenso. Cuando entré al salón donde se velaba el cuerpo del hijo, la mamá exclamó en voz alta, tanto que la escucharon todos los presentes: «Ya llegó el pastor. Todo va a estar bien». Yo aún no había dicho una sola palabra, ni siquiera había entregado el pésame, ni orado una sola frase. Mi sola presencia le trajo el consuelo necesario a esa madre, de tal manera que se sintió mejor. Solo tuve que estar. Cabe mencionar que no hablé mucho ese día. Me senté al lado de esa familia dolida y lloré con ellos, y permití que sintieran en mí al Consolador, el Espíritu Santo que mora dentro de mí y que también mora dentro de usted.

2. Ayude en la toma de decisiones prácticas. En ocasiones nos tocará hacer el papel de «mente fría». Cuando están pasando por la angustia, las personas pueden tomar decisiones equivocadas que no ayudan y, en algunos casos, hasta provocan problemas adicionales. Debido al hecho de que nos tienen confianza como su pastor, ayudémosles a tomar buenas decisiones. No a imponernos en sus decisiones, sino para ser de ayuda y apoyo durante el tiempo de emergencia.

A mi esposa y a mí nos tocó vivir una trágica noticia que afectó a toda una familia de tres hijitos pequeños. La mamá de estos niños estaba tan devastada por lo que ocurrió que no podía razonar bien y estaba en estado avanzado de crisis. Las personas a su alrededor también estaban en shock y no sabían cómo responder a las muchas decisiones que tenían que ser tomadas en el plazo inmediato. Cuando nos llamaron, ya habían pasado unas veinticuatro horas o más. Les había dado pena llamarnos y por eso dejaron pasar todo ese tiempo. Para cuando nos insertamos en el asunto, me enteré de que la mamá se estaba desmayando a cada rato. Los que estaban a su alrededor decían que la querían llevar a la sala de la emergencia porque no sabían cuál era su situación. Con una pregunta sencillísima, solucioné el problema: «¿Cuándo fue la última vez que comió?». Todos se miraron y la mamá me contestó: «No he comido desde anteayer». Ahí estaba el problema. Yo sabía que en momentos de crisis, todos los sistemas en el cuerpo dejan de funcionar de manera normal y se dedican a proteger las emociones y el sistema nervioso. Dado el hecho de que la señora estaba viviendo en modo de crisis, no sentía hambre, así que dejó de comer, pero su cuerpo siguió requiriendo del combustible que el alimento nos provee. He ahí la razón de los desmayos. El asunto se resolvió tan pronto mandé a traer electrolitos de la farmacia que empezó a tomar la señora, y dentro de un par de horas se encontraba mucho más estable. Ese ejemplo lo utilizo para ayudarnos a entender que, como pastores, existirán momentos en los que tendremos que tomar esa clase de decisiones, sencillas pero cruciales. Tenemos que estar dispuestos a darles dirección a las personas cuando no pueden pensar adecuadamente debido a la crisis que están pasando.

3. Abrace con liberalidad pero con propiedad. Es importante mantener corrección y compostura en todos nuestros tratos consoladores. Es triste la necesidad de hacer esta aclaración, pero demasiados ministros y pastores han cometido el error de no mantener dominio propio a la hora de consolar y se meten en terribles problemas. Por ejemplo, un abrazo que se extienda más de lo aceptable tiene el potencial de volverse inapropiado. Recordemos que las personas que requieren consolación están muy sensibles, emocionalmente hablando. Se han dado casos en los que una palabra de consuelo se interpreta por algo inapropiado, debido a la sensibilidad de la persona en crisis. Asegúrese de ser muy correcto y

propio a la hora de dar el consuelo. No sea demasiado familiar. En especial, vigile su comportamiento cuando se trata de miembros del sexo opuesto. Lo ideal es ir acompañado siempre de otra persona cuando ejercita el ministerio de consolación. Jesús mismo envió a sus discípulos de dos en dos. Hay sabiduría en esa práctica. Haga lo mismo.

Lo más importante es ser siempre conscientes de que el Espíritu Santo está constantemente buscando a quienes consolar. Seamos agentes de Su consuelo. Abra su corazón y sus brazos para permitir que entren en ellos aquellas personas que tanto lo necesitan. Cuando consolamos, restauramos. De hecho, en la traducción al inglés, ese versículo del salmo 23 se lee de la siguiente manera: «Restaurarás mi alma», y eso es debido a que, en efecto, la consolación es restauración. Las dos cosas son lo mismo.

¿Quién de nosotros no ha necesitado consuelo alguna vez? El mismo apóstol Pablo afirmaba: «Firme es la esperanza que tenemos en cuanto a ustedes, porque sabemos que así como participan de nuestros sufrimientos, así también participan de nuestro consuelo» (2 Corintios 1.7, NVI), en referencia a los hermanos que le daban ánimo a él, y por eso como conclusión a este capítulo podemos afirmar: los líderes espirituales son siempre personas que tienen el hábito de consolar. ¿Por qué? Porque están poseídos y llenos del gran Consolador.

Mi querido líder, siempre permitamos que Dios nos utilice, como pastores, en la tarea de consolar y restaurar a las personas que en Su gracia y misericordia ha puesto bajo nuestro cuidado.

LOS **8** HÁBITOS DE LOS **MEJORES LÍDERES**

CAPÍTULO **8**

¿HACIA DONDE VAMOS?

«ME GUIARÁ POR SENDAS DE JUSTICIA POR AMOR DE SU NOMBRE».

Salmos 23.3

QUINTO HÁBITO 5
GUIAR

La mayoría de los hispanohablantes en algún momento de nuestra vida nos hemos reído muchísimo viendo al Chapulín Colorado y a sus amigos. Sin lugar a duda, es uno de los mexicanos más famosos del mundo. ¿Cuántos no hemos escuchado su famosísima frase: «Síganme los buenos»? Su «liderazgo» siempre terminaba en algún desastre humoroso. Sus divertidas escenas tenían la intención de hacernos reír y lo siguen haciendo cada vez que miramos algún capítulo que dan en la televisión de hoy. Sin embargo, en muchas ocasiones eran imitaciones de la vida real, y por eso nos dejan dos impresiones para reflexionar. Si prestamos atención, esas escenas nos ilustraban que:

1. Siempre hay personas buscando liderazgo.
2. Siempre hay quienes están dispuestos a dar liderazgo, sepan hacia dónde se dirigen o no.

Lamentablemente, al igual que con el Chapulín Colorado, hemos visto los finales desastrosos de algunos líderes que no saben hacia dónde dirigir a los que les seguían, solo que, a diferencia de un episodio del Chapulín, se trata de las vidas reales de gente real.

La tarea de todo buen pastor es saber guiar a las ovejas. Darles dirección. Ser líderes buenos y genuinos.

El querido y respetado John C. Maxwell dice que «todo comienza y termina con liderazgo». Si hay buen liderazgo, se conseguirán buenos resultados. Si hay mal liderazgo, se obtendrán malos resultados. En el caso de pastorear, el

103

SI HAY BUEN LIDERAZGO, SE CONSEGUIRÁN BUENOS RESULTADOS.

liderazgo es elemental, crucial e indispensable. Por naturaleza, las personas, en su mayoría, son seguidoras, igual que las ovejas. Si no, ¿por qué creemos que Jesús usó la comparación de ovejas al referirse a los que le seguimos? La mayoría de las personas están buscando una causa con la cual identificarse. Están buscando algún general que les dé instrucciones para llevarlas a una batalla victoriosa. La mayoría busca a quienes les puedan mostrar una visión de un futuro mejor, y quieren seguir esa causa. El ser humano es altamente motivado por causas. Nos sentimos deseosos de pertenecer a algo o alguien, alguna filosofía o mentalidad. Es la naturaleza humana. Debido a ello, necesitamos buenos líderes. Sobre todo cuando se trata de darles dirección espiritual a las personas. A diferencia de muchas otras causas, la guía espiritual es especialmente crucial en las vidas, debido al elemento de vida o muerte eterna. Cuando nos referimos a la guía espiritual de almas, estamos hablando de un tema eterno. Por ende, se vuelve extremadamente crucial que el pastor tenga un buen conocimiento de cómo ser un líder para poder guiar bien a las ovejas.

«Me guiará por sendas de justicia». Aunque pueda parecer muy obvio a primera vista, lo primero que debemos observar al leer este pasaje es que el pastor los guía, y los guía por sendas de justicia. Una de nuestras más importantes tareas como líderes espirituales es mostrarles a las ovejas los principios del bien y del mal. Nos corresponde ayudarles a formar un criterio de justicia. Igual que como nuestros padres nos enseñaron de chicos el bien y el mal. Sabíamos que si

NO ES NUESTRA TAREA CAMBIAR LAS VIDAS DE LAS PERSONAS. DE HECHO, ES IMPOSIBLE QUE LO PODAMOS HACER.

hacíamos bien las cosas, habría recompensas. Igualmente, si hacíamos mal las cosas, habría consecuencias negativas. La tarea del pastor es enseñar estos mismos principios, pero aplicados a la vida y al comportamiento espiritual. Debe mostrarnos los criterios divinos acerca de nuestro proceder en cuanto al prójimo se refiere. Explicarnos cuáles son los parámetros espirituales que se aplican a la vida. Por ejemplo, ¿cuál es nuestro proceder en cuanto a los negocios, las amistades, la familia, el matrimonio, los hijos? La Biblia cubre todos estos temas y, como pastores, tenemos que saber extraerlos y enseñarlos de la manera más práctica y digerible posible, con el fin de que las ovejas tengan un criterio espiritual en cuanto a sus vidas naturales. Dicho de otra manera: enseñarles que Dios funciona en la vida diaria.

Como guías espirituales tenemos el privilegio de construir muros de protección en las mentes y los corazones de nuestros seguidores, que los protegerán de los constantes ataques del enemigo. En sí, nuestra tarea no es controlar cómo andan ni por dónde andan, sino justamente enseñarles los parámetros para saber andar sin correr peligros ni arriesgar su vida espiritual, y logrando que lo hagan aun cuando nosotros no estemos para decirles qué hacer. Es decir, no es nuestra tarea pastoral estar inmiscuidos en cada detalle de las vidas de nuestros seguidores, sino asegurarnos de que la Palabra de Dios esté inmiscuida en cada detalle de sus vidas. Tenemos que ayudarles a saber cómo Su Palabra puede guiarlos en la vida (Salmos 119.105).

Existen muchos pastores «metiches» o chismosos. Desean saber cada detalle de la vida de sus ovejas. Conozco algunos que hasta emplean un sistema de «espías» que se la pasan reportándoles todo a sus pastores. Esto es tanto deplorable como antibíblico. Recuerda, el pasaje dice: «Me guiará». No dice: «Me forzará, me exigirá, me presionará». No nos corresponde estar entrometidos en las vidas de ellos, sino guiarlos, a través de la enseñanza, a vivir dentro de los principios que la Palabra establece. Si les enseñamos bien, vivirán bien. Una vez que les enseñemos, permitamos que caminen sus vidas. Estemos listos para ayudarles en sus momentos de duda o necesidad de recordar algún principio, pero de ahí en adelante, déjelos en paz. Si alguna de las ovejas decide que será rebelde y se irá por su propio camino, a pesar de conocer muy bien los principios que le hemos enseñado, sepamos tener la sabiduría suficiente para traerla de nuevo al redil. Con paciencia, cariño y amor. Para eso somos pastores. No para ser gerentes generales de las vidas de las ovejas. Con razón existen tantos pastores cansados y frustrados; se adjudican tareas que no les corresponden.

Le invito a que descanse tranquilo en el conocimiento de que ha enseñado bien a sus ovejas y, como resultado, vivirán bien. No es nuestra tarea como pastores cambiar las vidas de las personas. De hecho, es imposible que lo podamos hacer. Esa es tarea del Espíritu Santo. Solo Él puede cambiar los corazones. Por mucho que usted y yo queramos cambiarlas, nunca lo podremos hacer. Él acerca, Él enseña, Él redarguye y Él cambia los corazones. Nosotros solo los acercamos a Él.

Un día me sucedió algo un poco cómico. Me encontraba en el aeropuerto de la ciudad de Houston para salir a algún lado. De pronto veo acercarse hacia mí a un hombre que venía con el rostro determinado. Se notaba de lejos que venía molesto. «Pastor Marcos», me dijo en tono brusco y cortante. «¿Sí?», le contesté. «Soy el pastor fulano de tal», dijo sin

MUCHAS VECES PERDEMOS DE VISTA POR QUÉ PASTOREAMOS.

modificar el tono confrontativo que tenía. «Mucho gusto», le contesté extendiendo mi mano para saludarlo, pensando que me diría de cuál iglesia era o algo que me ayudara a ubicarlo. Siempre me gusta conocer a los pastores. Me saludó muy forzosamente y procedió a decirme lo que le molestaba. «Usted tiene a un adúltero que asiste a su iglesia», me dijo agresivamente. Su proclamación no era noticia, sino algo que ya sabía desde hacía mucho tiempo. En cada iglesia cristiana hay por lo menos uno, y en algunas, más. Mi respuesta inmediata a este pastor que nunca había conocido fue la siguiente: «¿Solo uno? Entonces, vamos bien hermano. Porque en una iglesia del tamaño de la mía, deberíamos tener como cien al menos. Pero el que usted me diga que hay solo uno, me alegra tanto». Se quedó perplejo el hermano. No supo ni qué responder. De ahí, aproveché para enseñarle un principio bíblico, y cuando nos despedimos, su tono era diferente y su actitud hacia mí había cambiado. ¿Qué le enseñé? Lo mismo que le estoy enseñando a usted. Nosotros no podemos cambiar a la gente. Esa es la tarea del Espíritu Santo. Le dije a este pastor: «Qué bueno que ese adúltero esté asistiendo a la iglesia para que sea expuesto a la Palabra de Dios porque esa sí que es agua que limpia y jabón que desinfecta el alma». Usted y yo, como pastores, tenemos la tarea de exponer a las ovejas a la Palabra de Dios. Dejemos que Él haga lo demás. Guíelos a las sendas de justicia. Muéstreles por dónde caminar. Enséñeles y luego déjelos caminar.

> LA IGLESIA HA BEBIDO DEL PELIGROSO
> ELIXIR DE LA CULTURA DE LA ADULACIÓN.

«POR AMOR DE SU NOMBRE»

A las ovejas les enseñamos a vivir bien, dentro de los parámetros bíblicos, no porque queremos que nos representen bien a nosotros ni porque queremos que las personas se queden impresionadas con nuestra tarea de pastor, sino por amor del nombre de nuestro precioso Señor y Salvador Jesucristo. Es por Él que lo hacemos todo.

Para ser sincero, temo que muchas veces perdemos de vista por qué pastoreamos. Nos preocupamos mucho por tener un redil numeroso o perfecto para que nuestros consiervos y colegas se impresionen de lo que estamos haciendo. O incluso, a veces estamos tratando de impresionar a alguien que simplemente está en nuestra memoria, e incluso a Dios. Cuidado. Si es así, tiene la motivación equivocada. Incluso cuando estamos pensando en Dios como un capataz violento que solo quiere resultados. Cuando la motivación del pastor es cualquier otra que no sea el beneficio directo de que la oveja ame más al Señor y lo conozca con mayor intimidad, es una motivación incorrecta.

Ya mencionamos que vivimos en una época de culto a las celebridades. Las masas admiran, aplauden y celebran cada movimiento y acción, buenos o malos, de ciertas personalidades. En muchos lugares, los noticieros han rediseñado sus formatos para acomodar la noticia de la farándula o del mundo del entretenimiento. Un día, al abrir la página en la Internet, de donde leo las noticias, me di cuenta de cuán desbalanceada se encuentra esta mentalidad. En primera

LOS MEJORES LÍDERES PUEDEN VER EL LUGAR QUE NOS ESPERA Y HACIA DÓNDE NOS DIRIGIMOS.

plana, como noticia más importante del día (para este noticiero), estaba una foto de una actriz norteamericana que volvía a la corte, ya que había violado los términos penales establecidos por el juez desde su última visita a la corte y hoy tenía que aparecer para dar fe de sus actos y enfrentar una posible cárcel. Esta era la noticia principal para este portal noticiero muy importante. En un recuadro, al pie de página, como noticia secundaria o terciaria, había solo una nota (sin foto) referente a un terremoto ocurrido en cierta región del mundo con X cantidad de muertos. Fue difícil de digerir para mí. Es decir, los editores de este portal de noticias importante conocen lo suficientemente bien a su público como para saber que la noticia más importante para ellos era la de la actriz, y deliberadamente decidieron enfatizar esa noticia y suprimir la más importante de los dos acontecimientos. ¿Por qué sucede este fenómeno? Por la cultura de adulación a celebridades que nos enseña que: «Fama es igual a éxito y éxito es igual a importancia». ¿Es eso cierto?

¿A qué viene mi comentario? En muchos círculos eclesiásticos, hemos elevado la posición del pastor a un lugar que no corresponde ni es correcto. Lamentablemente, la iglesia ha bebido del peligroso elixir de la cultura de la adulación. Algunos colocan a sus pastores sobre un pedestal de elogio tan elevado que rebasa los confines del respeto y la admiración. Existen muchos pastores dignos de admirar y todos merecen nuestro respeto. Pero cuando se cruza la línea y se comienza a ver a ese pastor como infalible y perfecto, inequívoco e insuperable, lo estamos introduciendo a un terreno delicado y difícil de conducir.

En la historia de la iglesia reciente hay muchos ejemplos de cómo termina esta historia. Hemos visto cómo más de un pastor ha terminado en el piso, descalabrado y destruido, debido a la imposibilidad de mantener el equilibrio sobre ese pedestal tan alto que lo introduce a los aires viciados del oxígeno de la adulación. Simplemente, no puede. Se marea y cae. La responsabilidad no la tienen solamente las ovejas que tanto lo admiran, sino él mismo por permitir que esa admiración se tornara en zalamería y adulación. Como pastores, tenemos que ser vigilantes y cuidadosos para no permitir que nos suceda. Una de las maneras de hacerlo es señalando a las ovejas que caminamos en sendas de justicia, «por amor de su nombre». Todo es por Él y para Él, e insisto que no porque sea un ególatra cósmico, sino porque cuando le amamos según un pleno conocimiento, entonces amamos a quien Él ama.

Los líderes maduros entienden que todo se lo debemos a Él. Todo es gracias a Él. Por lo cual, toda la gloria también es solamente para Él.

LIDERAZGO Y VISIÓN

El consultor de iglesias Thom Rainer dice que «las iglesias con un proceso simple para alcanzar a las personas y llevarlas a la madurez están expandiendo el Reino... Y a la inversa, las que tienen un proceso complicado de discipulado, están trastabillando». Los mejores líderes establecen una visión que quienes los siguen encuentran fácil de entender. Son líderes de visión y líderes que saben comunicar con simpleza esa visión.

En cuanto a guiar a las ovejas hay una lista de aspectos que los líderes debemos llevar a la práctica:

1. Visionar el destino. Los mejores líderes pueden ver el lugar que nos espera y hacia dónde nos dirigimos. Los han

> **LOS PRINCIPALES OBSTÁCULOS EN EL CAMINO DE LAS OVEJAS LOS ENCONTRARÁN EN EL MANEJO DE SUS RELACIONES.**

visto con los ojos de su espíritu. Lo pueden describir en detalle. Sus descripciones del destino son las que pintan esperanza en el corazón de la gente. Les hacen ver que donde están ahora no se compara con a dónde pueden ir. Les ayudan a entender que si permanecen donde están, se van a morir. Los pastos se les van a acabar y sus pozos se les van a secar. Por eso, el líder tiene la habilidad de ver un nuevo destino, un nuevo futuro, más brillante y prometedor hacia donde llevará a sus seguidores. En la descripción y articulación de esta visión está la inspiración y motivación para mover a las personas de un destino a otro.

El día 28 de agosto de 1963, Martin Luther King Jr. se paró en las escalinatas del Monumento a Lincoln, en la ciudad de Washington D.C., y pronunció uno de los discursos más famosos del mundo entero. De hecho, podríamos decir, sin lugar a equivocarnos, que es uno de los discursos más famosos en la historia contemporánea de la humanidad. Lo que King logró ese día fue plasmar *su* sueño y *su* visión en el corazón de sus seguidores. A través del arte de la comunicación ayudó a sus seguidores a ver un mejor lugar donde podrían vivir. Les describió este lugar. Lo personalizó de tal manera que todo el mundo se pudo identificar. Los motivó a seguir pagando el precio y a mantenerse firmes ante la adversidad, hasta llegar a la «tierra prometida» que les dibujaba con sus palabras. Su mensaje de aquel día es uno de los más perfectos ejemplos de lo que le estoy enseñando. Dibújeles un futuro a sus ovejas. Inspírelas a mantenerse firmes hasta que entren a su tierra prometida. Sea un pintor de esperanza en el corazón de los hombres.

2. Definir la ruta. El líder siempre va al frente. Nunca atrás. Siempre adelante. Definiendo por dónde andar. Ayudando a superar los obstáculos. Abriendo el paso. Decidiendo por cuál camino irse. Para llegar a un destino hay muchas rutas que se pueden tomar. Algunas más difíciles quizá, otras más fáciles, pero el líder tiene la asombrosa y divertida tarea de definir la ruta. Es quien determina cuáles serán las estrategias que se emplearán para alcanzar la meta. Es quien decide cuáles serán las herramientas que implementarán. Es una tarea de mucha responsabilidad, pero puede también ser muy divertido. Lo que más necesita el pastor es seguridad personal para aceptar la responsabilidad cuando algunas de las rutas que decidió tomar resultaron en desvíos mal acertados.

Un día conversaba con cierto pastor y le pregunté cómo estaba. Su respuesta me sorprendió por un lado, pero me entristeció por el otro. Me dijo: «Estoy cansado, pastor Marcos. Muy cansado. Usted sabe, teniendo siempre que estar detrás de las ovejas cansa mucho». Sin intentar ofenderlo, entonces le pregunté: «¿Qué anda haciendo usted detrás de las ovejas? Nunca debemos andar detrás de las ovejas, ¡tenemos que ir delante de ellas!». Con razón estaba cansado este pobre consiervo. Se había equivocado de papel. En lugar de ser pastor, se había convertido en arriero. Cuando uno está «detrás» de las ovejas, ellas no saben para dónde ir, entonces se comienzan a desparramar por todos lados, y el pastor anda corriendo tras una y luego tras la otra tratando de mantenerlas juntas. Con razón están cansados estos pastores. Dios no nos llamó a estar «detrás» de las ovejas, sino a ir delante de ellas, sirviéndoles de líderes. El versículo dice «guiarlas» por sendas de justicia, no «arriarlas» por sendas de justicia. El guiar a las ovejas es una posición de-

LOS MEJORES LÍDERES ESTABLECEN UN MAPA MISIONAL CLARO.

lantera. El arriarlas es una posición trasera. Dios nos llamó a ir delante de las ovejas y mostrarles por dónde caminar. Dice Juan 10.4: «Cuando ya ha sacado a todas las que son suyas, va delante de ellas, y las ovejas lo siguen porque reconocen su voz» (NVI). Lea bien: «Va delante de ellas». No detrás.

3. Remover obstáculos. Debido a que el pastor va adelante, es el primero en conocer cuáles son las condiciones en las que se encuentra el camino. Va señalando los potenciales tropiezos, removiendo las piedras del camino y limpiando el paso para que las ovejas puedan caminar sin caer. De nuevo, esta es una tarea que solamente se puede cumplir si vamos al frente de las ovejas.

Me gusta pasear en motocicleta. Es algo que me distrae y me quita la tensión. De vez en cuando organizo rodadas con varios amigos para conocer nuevos lugares y respirar nuevos aires (literalmente). Cada mañana al salir a la rodada, se determina quién será el líder de la ruta, y de esa manera todos sabemos quién irá al frente. El motociclista que va al frente tiene que viajar aun más alerta que los demás para ir señalando al grupo cualquier obstáculo en la carretera, baches o pedazos de pavimento destruido, en fin cualquier cosa que podría causar algún problema al resto de los conductores. Mediante una serie de señales hechas con las manos, todos los motociclistas nos enteramos de los problemas potenciales que nos viene señalando el líder. Así, el buen pastor va delante de las ovejas velando que el camino esté transitable y libre de peligro para que puedan pasar tranquilas.

Los principales obstáculos en el camino de las ovejas los encontrarán en el manejo de sus relaciones. Estoy seguro de que es por ello que la Biblia dedica tanto espacio a enseñar sobre cómo llevar las amistades, cómo comportarse con los familiares y las amistades. Como pastor, es un privilegio enseñar a nuestras ovejas el comportamiento bíblico en cuanto a las relaciones.

Otro de los obstáculos que fácilmente descarrila a las ovejas es lo relacionado con las finanzas. De hecho, las estadísticas señalan que es la razón principal de la mayoría de los divorcios hoy en día. Tenemos el deber de ayudar a las ovejas a conocer el manejo correcto de las finanzas.

Adicionalmente, de vez en cuando surge alguna mentalidad peligrosa, propagada por alguno de los medios masivos, y que muchas de las ovejas comienzan a abrazar o a creer en ella. Como pastores, tenemos que contar con una respuesta bíblica a esas inquietudes. Por ejemplo, hace algunos años se popularizó un libro titulado *El código Da Vinci*, del autor Dan Brown. Después de que al libro lo convirtieran en película y que mucha gente de mi congregación me estuviera mandando emails y mensajes con preguntas al respecto, decidí que era importante remover este obstáculo del camino de mis ovejas. ¿Cuál era el obstáculo? Una mentalidad errónea con respecto a la divinidad de Jesús. Un ataque a Su deidad. Cualquier pensamiento que se levante en contra del conocimiento de Cristo es un obstáculo que debemos remover del camino de las ovejas para que no tropiecen. Así que preparé una serie de comentarios en mis mensajes que ayudaran a los congregantes a saber cuál sería un criterio bíblico al respecto.

4. Administrar el progreso. Como líderes debemos ser los más sensibles ante las necesidades de las ovejas. Cuándo estamos avanzando demasiado rápido, por ejemplo, o cuándo debemos aminorar el paso. El pastor tiene que determinar cuándo es tiempo de parar un rato a descansar y cuándo es tiempo de animar a las ovejas hacia delante. El mismo paso no funciona para cada redil. Tenemos que ser sensibles a nuestras ovejas y a las circunstancias que están viviendo, y no compararnos con algún otro redil que sentimos que tiene un progreso más avanzado que el nuestro. En ocasiones, existen situaciones locales que determinan muchas de las decisiones que tomaremos como líderes de nuestro rebaño. No se permita presionar por lo que estén haciendo otros pastores o por lo que le parezca vistoso o glorioso. Al final de cuentas, nuestra responsabilidad principal es cuidar las ovejas que nos ha encargado el Señor, sin olvidar que son *Sus* ovejas y que es *Su* prado.

He visto, con tristeza, cómo algunos pastores manejan una absoluta falta de sensibilidad hacia sus ovejas, solo con el fin de impresionar a su denominación o a sus colegas ministeriales. Las empujan o manipulan hacia las obras y las dádivas hasta que las ovejas caen exhaustas y sin salud natural ni espiritual. Es cuando se rebelan en defensa propia, ya que el pastor no las está defendiendo. Eso puede ser el semillero de toda clase de problema, si el pastor no corrige inmediatamente su proceder. Comprendo que en cada iglesia hay momentos en los que todos tenemos que hacer un esfuerzo un poco más grande que otras veces, pero al mismo tiempo debemos comprender que hay ocasiones en las cuales debemos dejar que descansen para que se repongan y podamos sanar y dar primeros auxilios a los débiles o principiantes del redil. La tarea del pastor es administrar el progreso.

5. Animar y fortalecer el andar. En conclusión, los mejores líderes establecen un mapa misional claro y entusiasman a las ovejas a proseguir hacia las metas. El pastor se convierte en el animador principal de su redil. «Vamos chicos, sí se puede. No se cansen. Adelante. Fuerzas». Reconocer ese papel, poco comentado, es de suma importancia. En ocasiones, el ánimo lo reciben las ovejas con una sola mirada, ni siquiera una palabra. Una mano en la espalda. Un gesto de benevolencia. Su sola presencia como pastor puede animar y fortalecer.

Un día, en uno de los retiros de varones que hicimos en la congregación, se me acercó un caballero joven. Casado y con dos hijitas pequeñas, la estaba pasando mal. Él y su esposa estaban teniendo problemas. En fin, no recuerdo los detalles de todo lo que me contó, pero estuvimos ahí como por una hora, y me contaba y contaba. Yo solo le miraba y esperaba algún momento para darle un consejo o tener una palabra de oración con él. Pero el hermano no paraba de hablar. Sentí en mi espíritu que era importante quedarme callado y dejarlo hablar. Después de haberme contado todo, me pidió que orase por él, lo cual hice con mucho gusto. Recuerdo que no fue una oración profunda ni larga. Sencilla y al grano. Cuando terminé de orar, el muchacho se levantó y me dijo: «Pastor, qué bueno que pudimos tener esta charla. Me siento mucho mejor. Qué sabios son sus consejos. Gracias». Lo más increíble de todo es que yo no había dicho nada. Ningún consejo, nada. Pero resulté ser muy sabio. Me da risa hoy día cuando lo recuerdo. En definitiva, lo que este hermano necesitaba, y lo que muchos están necesitando en ocasiones, no es alguien que les diga palabras sabias, sino solo alguien que les escuche. Mi «sabiduría» aquella mañana radicó solo en el hecho de tomar el tiempo para escucharlo. Ese era el ánimo que más necesitaba.

Existe mucho material extraordinario sobre cómo ser un buen líder. Comprométase a ser un estudiante serio de liderazgo, ya que su tarea de pastor lo obliga a serlo. He visto a pastores que desean ser buenos predicadores pero no les importa ser buenos líderes. No me malinterprete: es importante también ser un buen predicador. Creo en el arte y la ciencia de la predicación y en el poder que contiene (1 Corintios 1.21), pero creo igualmente en el poder de ser un buen líder. Dirigir bien a las ovejas hacia su destino en Dios. Le invito a que sea un gran líder. Guíe por sendas de justicia a sus ovejas, por amor de *Su* nombre.

MIS **NOTAS**

EN CAPÍTULO **9**
MEDIO DE LOS
VIENTOS

«AUNQUE ANDE EN VALLE DE SOMBRA DE MUERTE, NO TEMERÉ MAL ALGUNO, PORQUE TÚ ESTARÁS CONMIGO».

Salmos 23.4

SEXTO HÁBITO
PROTEGER 6

El escritor nacido en África, Phillip Keller, describe detalladamente en su excelente y reconocido libro: *A Shepherd Looks at Psalm 23* [Un pastor mira el salmo 23], el porqué un pastor lleva por los valles y las cuencas a las ovejas para alcanzar las colinas más altas. Allí se encuentra el pasto de mayor calidad. Explica que por esas zonas se encuentran los caminos más suaves por donde subir. Además, son rutas que van pegadas a los ríos y arroyuelos donde pueden detenerse las ovejas a tomar agua y descansar. Sin embargo, advierte Keller, el peligro más grande que enfrenta el rebaño son las repentinas lluvias heladas que pueden ocurrir, debido a la época del año en que las suben a las colinas. Cuando comienza la lluvia, la ovejita debe encontrar refugio de inmediato; de lo contrario, se le empapará la lana de agua y, dadas las temperaturas bajas, esta se convertirá en hielo, exponiendo al peligro la salud del animal. Simplemente, pueden morir congeladas o también, como resultado de estar al descubierto, les puede dar un resfriado que finalmente acabe con ellas. En pocas palabras, cuando se anda por valles, se está expuesto a la sombra de la muerte. O sea, es peligroso. El salmista David, siendo pastor, conocía de primera mano de estos peligros cuando escribió: «Aunque ande en valle de sombra de muerte, no temeré mal alguno, porque tú estarás conmigo».

El buen pastor debe ser tan sensible a las necesidades de sus ovejas que siempre estará alerta para protegerlas y cuidarlas de todo daño. Cuando estén pasando por un mal momento es cuando más se deben proteger. Cuando estén saludables y tranquilas, las podemos dejar en paz. Pero en sus momentos de dificultad es cuando más debemos pedirle sabiduría a Dios para ayudarlas a navegar por los valles de la «sombra de muerte». El solo hecho de estar con ellas durante esos tiempos difíciles les ayuda a saber que las cosas van a estar bien. Como lo comenté en un capítulo anterior, la hermana que al verme llegar dijo: «Ya llegó el pastor. Todo va a estar bien».

En el año 2008 nos visitó un tremendo huracán en la ciudad de Houston, donde radico actualmente. Le pusieron por nombre Ike, y ha sido, hasta el momento de esta escritura, el tercer huracán más costoso en la historia de Estados Unidos, después de Katrina, en 2005, y Sandy, en 2012. Mi familia y yo nunca habíamos vivido la experiencia de un huracán, y nuestro hogar queda a escasos 120 kilómetros de la costa del Golfo de México, por donde entraría esta bestia de tormenta. Nos informamos muy bien de lo que teníamos que hacer, así que nos abastecimos de agua limpia, comida enlatada y de lo necesario para vivir esta experiencia.

El día que se aproximaba, desde muy temprano comenzó mucha nubosidad, llovizna y vientos. Conforme avanzaba el día, los vientos se hacían cada vez más fuertes. Habíamos preparado la casa para este evento, removiendo cualquier mueble, maceta o bote de basura que pudiera tomar el viento y lanzar como misil, causando destrucción a nuestra casa o a la de algún vecino. Habíamos movido todos los muebles al centro de la casa, distante de los vidrios, y colocamos cinta gris en todas las ventanas para fortalecerlas contra los vientos. Estaba enterado de que el huracán entraría a nuestra ciudad a las tres de la mañana aproximadamente, ya que no me despegaba del televisor para conocer todos los detalles más recientes. Mis hijos se aburrieron de esperar la acción y se fueron a dormir como a las diez de la noche. Poco tiempo después, se fue la energía eléctrica, lo cual significó que ya no tenía acceso a la información más reciente porque se apagó de una el televisor. Eso no me preocupó en gran manera porque me había previsto de una radio portátil a la que le había puesto pilas nuevas y a través de la cual recibía toda la información que necesitaba para mantenernos seguros.

Una de las advertencias que hacían los expertos a cada rato era escuchar el sonido del viento de cerca, y si de pronto podíamos distinguir algún sonido como el que hace un tren, debíamos todos correr a alguna habitación que quedara en el centro de la casa, lejos de los muros exteriores o las ventanas de la casa, en las que habíamos puesto colchones protectores. A manera de prevención, yo había ubicado esta habitación, que más bien era un baño, a donde nos refugiaríamos en dado caso. Era el baño de visitas que queda en el centro de la casa y que llené de colchones. No estaba seguro de cómo podríamos caber todos en ese pequeño recinto pero, ante la emergencia, sí estaba seguro de que lo lograríamos. Mis hijos se fueron a la cama sabiendo que era posible que los despertara en cualquier momento de la noche si es que escuchaba ese sonido como de tren.

Toda la noche quedé despierto. Cuando Ike pasó por nuestra casa, el ruido fue ensordecedor. Nunca me imaginé que pudiera haber sonidos tan violentos producidos por el viento. A la distancia lograba escuchar los estallidos de ventanas rompiéndose y ramas sueltas de árboles estallando contra paredes, pavimento o automóviles. Hora tras hora. Incesante. De vez en cuando me levantaba de la cama cautelosamente para revisar los daños a nuestra casa. Quería saber si algún vidrio se había roto o cualquier otra cosa. Gracias a Dios, los vientos comenzaron a disminuir una vez que el huracán hubo pasado por encima de la casa a las tres de la madrugada. Para las cinco o seis de la mañana, eran muy pocos los vientos y quedaba solo una llovizna. Fue más o menos a esa hora que me ganó el sueño y quedé profundamente dormido por un par de horas.

Cuando desperté, lo primero que quise hacer fue salir a la calle para reconocer los daños. Lo que encontré fue realmente sorprendente. Había enormes árboles caídos encima de las casas y bloqueando las calles. Vidrios rotos de las casas de varios vecinos. Autos golpeados por artículos sueltos que habían sido lanzados por los fuertes vientos que alcanzaron velocidades de 120 a 140 kilómetros por hora. Me bastó una vuelta muy breve para darme cuenta de que aquel huracán había causado daños excesivos. Nunca pudimos imaginarnos cuántos en verdad.

Cuando volví a casa, eran más o menos las nueve de la mañana de ese día, y por el huracán no iba a haber ni trabajo ni escuela. Recién a esa hora comenzaron a despertar mis hijos. Uno a uno bajaron las escaleras de sus habitaciones, que se encuentran ubicadas en el segundo piso de la casa. La pregunta que me hicieron casi me tumbó de la sorpresa: «Papá, ¿pasó algo? ¿Entró el huracán por aquí o se desvió?». Los miraba con absoluta incredulidad pensando que me contaban una broma. Pero no, hablaban en serio. Les pregunté que si habían escuchado algo y dijeron que no. Cuando los llevé a la calle para ver todo lo que había sucedido, se sorprendieron en gran manera. En verdad, habían dormido tan tranquilos que nunca se dieron cuenta de que la tormenta pasó por encima de su casa. Cuando les pregunté por qué no se habían dado cuenta, la respuesta que me dieron me impactó profundamente: «Porque tú estabas en casa. Sabíamos que estando tú, todo iba a estar bien. No teníamos por qué preocuparnos. Descansamos en que tú nos cuidarías».

Para mí, no ha habido en mi vida cuadro más perfecto que el que acabo de describir para entender «aunque ande en

> **SOLO EL HECHO DE SABER QUE ESTÁ PRESENTE PAPÁ, HACE QUE TODO ESTÉ BIEN.**

valle de sombre de muerte, *no temeré* mal alguno, porque tú estarás conmigo» (énfasis añadido). Solo el hecho de saber que está presente papá hace que todo esté bien. Mis hijos se fueron a dormir tranquilos, porque sabían que papá estaba en casa. No tuvieron temor ni preocupación, porque papá estaba en casa. No necesitaban de nada más, porque papá estaba en casa. Mi sola presencia les dio la tranquilidad que necesitaban para enfrentar esta tormenta inigualable. De la misma manera sus ovejas, querido pastor. Si usted solo «está» para ellas, se sentirán bien y a gusto. Podrían pasar por cualquier problema o tormenta sabiendo que usted la pasará con ellas.

Pero no es tan solo nuestra presencia, sino nuestras acciones de protección las que cuidarán del rebaño. Recordando el consejo que nos daba Keller, de tapar y proteger a las ovejas lo más pronto posible cuando comiencen las lluvias heladas a penetrar sus gruesas y absorbentes capas de lana. Si no las protegemos con rapidez, podría ser el fin de ellas.

Cuando hablamos de «tapar» o «proteger» como una de nuestras tareas como buenos pastores, lo primero que me viene a la mente es el código de ética que debe abrazar cada pastor y líder en el trato de las cuestiones sensibles en la vida de las ovejas. Somos portadores de información, secretos y confesiones que debemos cuidar impecablemente, de tal manera que se sientan protegidas las personas que se encuentran bajo nuestro cuidado. Cuando vienen a contarnos sus asuntos privados y confidenciales, deberían hacerlo con la absoluta certeza de que esa información quedará privada y confidencial. Cuántas veces hemos sabido de pastores que han desprotegido a las personas por su falta de confidencialidad. Cuando menos se lo imaginan, su historia o problema ha sido usado como ejemplo en alguno de los sermones del pastor. Aunque el pastor no mencione su nombre y nadie en la congregación sepa de quién se trató la historia, el de la historia misma sí se da cuenta, sí supo de quien estaba hablando y se siente absolutamente expuesto ante el hecho de que su pastor haya tomado algún dato hablado en total confianza y lo haya incluido en un mensaje totalmente público. Qué incomodidad a la que exponemos a esa persona. Es una seria falta de ética por parte del pastor.

En cierta ocasión quería usar el testimonio de uno de los hermanos de la congregación. Era una historia delicada que involucraba un dinero robado y tensión en la familia a causa de ello. Algunos miembros de la familia sospechaban que había sido él; sin embargo, no estaban seguros y, por lo tanto, existía una gran tensión en toda la familia, entre hermanos, cuñadas, tíos, tías, sobre el tema del dinero robado. Un desastre. Después de uno de los encuentros espirituales que organizamos en la congregación, al que asistió este hermano, decidió ir a confesar, pedirle perdón a toda familia y restituirles el dinero robado. Dios se glorificó grandemente en esa familia trayendo restauración y victoria. Fue un gran testimonio de victoria. En fin, tenía deseos de contar su testimonio en mi mensaje dominical, pero por reglas de ética, era imposible hacerlo sin su consentimiento.

Dirá usted: «Pero pastor Marcos, si es un testimonio de victoria que solo traerá gloria al Señor, ¿por qué no?». Claro que sí, pero de todas maneras hay que tener la educación, el respeto y la caballerosidad de pedirle permiso al hermano para contar su historia. No debemos asumir que porque nos la han contado tenemos derecho de copia de ella. No señor. La buena ética y la moralidad dicen que debemos conseguir

> **UNO DE LOS FRUTOS DEL AMOR ES QUE CUBRE UNA MULTITUD DE ERRORES.**

su aprobación antes de divulgar el relato, lo cual hice. Le llamé por teléfono y le expliqué de lo que quería predicar y que me parecía perfecta su historia para ilustrar mi punto. Antes de colgar la llamada con él, prometí no decirle a la congregación su nombre, y repasamos una vez más los detalles de su historia para que la contara bien, sin poner ni quitar nada. Llegado el domingo, no resistía mirar hacia donde estaba sentado este hermoso hermano con toda su familia mientras contaba su historia como un gran ejemplo en mi mensaje dominical. La sonrisa en su rostro era grande, pero había una que le ganaba en tamaño, la de su bella y orgullosa esposa, sentada al lado de su marido en ese momento de gran triunfo personal, familiar y congregacional. La sonrisa mía era igual de grande al saber que Dios me había dado el honor de ver esa gran victoria de primera mano.

Dese cuenta de algo: si yo hubiera contado aquella historia antes de conseguir la aprobación de la oveja, hubiera sido lindo y tocaría vidas, sin duda. Sin embargo, hubiera corrido el riesgo de apenar a una persona a la que quería aplaudir por lo que había sucedido. Sin su permiso, el haberlo relatado se hubiera sentido más un golpe que un aplauso, más una traición que un halago. Pero con el permiso de ellos, lo pudieron disfrutar como uno de los domingos más memorables en su historia. A causa de la ética que protege, le hice sentir orgulloso de lo que Dios había hecho, en lugar de causarle pena o vergüenza de lo que había sucedido. Esa es la fuerza de la protección. El pastor protege, no descubre. Cuida, no destapa.

En 1 Pedro 4.8 leemos que uno de los frutos del amor es que cubre una multitud de errores. Una de las traducciones, de hecho, usa la palabra «pecados». Piense detenidamente en la acción de cubrir. Debería entristecernos enormemente cuando los pecados y errores de nuestras ovejas son conocidos por otros. Deberíamos tomar en serio nuestro voto de confianza delante del Señor. Qué bueno que Dios no va divulgando y diciendo todos los pecados de todo el mundo a los cuatro vientos. Qué bueno que existe la poderosa cruz de Jesús, donde la sangre perfecta fue derramada para cubrir todo pecado, para jamás ser descubierto. Usted ni yo, como pastores, tenemos ningún derecho de descubrir algo que la sangre de Jesús ha cubierto. De la misma manera, no tenemos el derecho de traer el pasado al presente, bajo ninguna circunstancia. Si en verdad creemos que «todas las cosas son hechas nuevas», entonces ¿por qué hay tantos pastores recordándoles a sus ovejas los errores que cometieron en el pasado, utilizando esa información para manipular o subyugar a esas personas? Cuentas daremos por esa falta de protección y cuidado para las ovejas.

En Ezequiel 34 hay un versículo que me cimbra cada vez que lo leo. Dice textualmente: «Yo estoy en contra de mis pastores» (Ezequiel 34.10, NVI). ¡Qué palabras tan fuertes! Que Dios mismo se oponga a los pastores que Él instituyó (dice «mis pastores»). Uno tiene que preguntarse por qué Dios está opuesto a sus propios pastores. La respuesta la encontramos en los versículos del 2 al 6. Son varias las cosas que Dios registra como detalles que le molestan. Sin embargo, el común denominador en toda la lista es: «No cuidaron de mis ovejas». No las protegieron. Se nutrieron de ellas, dice, pero no tuvieron cuidado de ellas. Dios lo toma en serio. Tanto así que dice: «Estoy en contra de mis pastores».

Le pido a Dios que me cuide de estar en esa lista de pastores descuidados. Que me dé la gracia de saber proteger y cuidar de las vidas de aquellas personas que Él ha puesto bajo mi delicado cuidado, y que pueda rendirle cuentas como un buen mayordomo. Deseo con todo mi corazón ser la clase de pastor que cuando las ovejas tienen algún problema, pecado, indiscreción o malestar, con humildad y discreción pueda restaurarlas con todo amor y consideración, como si fuera yo mismo quien necesite de Su misericordia (Gálatas 6.1).

Parte del cuidado o la protección que ofrecemos como pastores es conseguirles la ayuda que necesitan para sus desafíos. Ponerlos en contacto con profesionales que les puedan ayudar a superar sus pecados. Llevarlos a un encuentro espiritual o enviarlos a consejería para salvar su matrimonio o familia; son parte de las estrategias que utilizamos para proteger y cuidar de las ovejas. En ocasiones nos tocará escuchar algunas historias muy complicadas y tendremos que pedir sabiduría de Dios para saberlas manejar. En verdad que si usted ha pastoreado por cualquier cantidad de tiempo, se dará cuenta de que aun a las telenovelas más bárbaras les falta la creatividad que la gente tiene para meterse en problemas. Hay situaciones que requieren manejarse con absoluta delicadeza y cuidado. Siempre, aun en esos casos de extrema sensibilidad, se les pide a las personas el permiso para incluir a otros dentro del círculo de los que saben su información, con el fin de orientarlas mejor. Asegúrese, en ese caso, de siempre incluir solamente a aquellas personas que usted, con el tiempo, ha comprobado que son discretas y maduras con la información conferida. Si usted comparte información delicada y sensitiva con ciertas personas, especialmente aquellas que no tienen la madurez suficiente para procesarla con sabiduría, simplemente no podrán con esa carga. Las abruma. Por lo que, en la mayoría de los casos, una persona inmadura que recibe información confidencial no se tardará en regarla por todos lados. Como pastores, tengamos cuidado al escoger a quiénes les contamos los detalles.

Existen algunas situaciones aun más difíciles en las que tenemos que accionar con decisión y cautela. Son aquellos casos en los que una persona nos ha confesado que está por matar a alguien, o que discernimos honestamente que la vida de otro está en peligro, a causa de lo que ha declarado el confesante. En estos casos, debemos actuar asertiva y atinadamente. En Estados Unidos, por ejemplo, la ley obliga a los pastores a reportar tanto estos casos como cualquier situación que conozcamos de algún menor de edad que ha sufrido una violencia física o sexual. Al no reportarlo, dicta la ley, nos hacemos cómplices en el crimen y habrá consecuencias para aquel pastor que supo la información y no hizo nada al respecto. Sería recomendable que se tome el tiempo y la molestia de conocer cuáles son las leyes al respecto en su país. Sería triste que por no conocerlas, infringiera alguna ley que lo exponga a una responsabilidad y consecuencia indeseada.

EN LA NIEBLA DE INCERTIDUMBRE

La historia militar registra que en 1837 un analista de guerra prusiano llamado Carl von Clausewitz acuñó el término «niebla de guerra» para referirse a las batallas donde se levantaba una densa niebla creada por la pólvora como zonas de caos y, sobre todo, de incertidumbre. Al escribir sobre esta idea, von Clausewitz destacó: «La tercera parte de toda acción de guerra ocurre en mayor o menor medida, en una niebla de incertidumbre».[2] Específicamente, él se refería a la situación que se daba en una batalla de aquel entonces donde el humo de las explosiones y los disparos creaba una nube densa, una niebla real que no permitía ver lo que estaba sucediendo y provocaba mucha confusión, ya que en el momento en que Von Clausewitz escribió esto, no existía la tecnología de comunicación o satélites que hoy se poseen en las guerras modernas como para saber bien la posición del enemigo y aun las acciones propias cuando no se ve con los ojos propios.

En el ámbito militar, aunque los tiempos han cambiado, el concepto de «niebla de guerra» de Von Clausewitz se sigue utilizando, y algo similar experimentan nuestras ovejas cuando están en el valle de sombra de muerte. Hay momentos de lucha espiritual y prueba que crean mucha incertidumbre, y en los que la presencia y sabiduría de un buen pastor generan una seguridad que ayuda a disipar la neblina. En esos momentos de lucha espiritual, aunque uno percibe el ataque, es difícil discernir lo que el enemigo está haciendo. También es difícil entender lo que Dios está haciendo y de dónde vendrá su refuerzo; por eso necesitan a alguien cercano que haga más real que Dios está prestándoles atención y no les ha abandonado.

Von Clausewitz decía que en los momentos de «niebla de guerra» se requiere un líder con una mente sagaz que no se deje abrumar por la situación y que tenga buen juicio para determinar la verdad y la dirección que hay que seguir, y eso necesitan nuestros liderados en los valles de sombras de muerte. Debido a eso, el trabajo de pastor no es apto para los débiles de corazón. Es para gente fuerte, estable, madura y preparada. Por eso me alegra compartir con usted estas páginas y que usted se esté fortaleciendo cada día más para ser un buen pastor. Las ovejas lo merecen, porque son ovejas de *Su* prado. Cuídelas como el buen mayordomo que usted es. Protéjalas. Tápelas y cúbralas con mucho amor, cariño y esmero. Valen la pena. Dios las ha comprado a precio alto: la sangre preciosa de Jesús.

Como Dios le dijo a Jacob en su sueño en Betel: «Yo estoy contigo. Te protegeré por dondequiera que vayas, y te traeré de vuelta a esta tierra. No te abandonaré hasta cumplir con todo lo que te he prometido» (Génesis 28.15, NVI), sería precioso que nosotros mostráramos ese compromiso con las ovejas puestas a nuestro cuidado. Nos corresponde a usted y a mí, como líderes y pastores, ser buenos con ellas. Aun cuando anden en valle de sombra de muerte, no temerán, porque usted, querido pastor, irá con ellas.

CAPÍTULO **10**

EL **REGALO**
DE LA
DISCIPLINA

«TU VARA Y TU CALLADO ME INFUNDIRÁN ALIENTO».

Salmos 23.4

SÉPTIMO HÁBITO
DISCIPLINAR 7

El teólogo y autor de tradición cuáquera, Richard Foster, escribió en su influyente libro, *Alabanza a la disciplina*, que: «La disciplina espiritual tiene el propósito de hacernos bien»,[3] a lo que yo agregaría en contraposición que la que no es espiritual entonces nos hace mal. La disciplina que viene de Dios es un regalo. Es corrección amorosa. Nace de un deseo y anhelo de restauración y sanidad, y no de un intento de retribución, vergüenza y castigo.

En la analogía bíblica, la vara y el callado son el instrumento de disciplina y corrección que utiliza el pastor para instruir a la oveja. La parte larga del instrumento, la vara, es utilizada para llamarle la atención a la ovejita mediante unos golpecitos tiernos, pero firmes, para que le ponga atención al pastor. Algunas ovejas solo necesitan un golpecito de la vara de vez en cuando, otras dos o tres. Hay algunas ovejas que ni con diez golpes de vara o más ponen atención. Pero ellas, en realidad, son la excepción y no la regla. Típicamente, una oveja solo requiere un golpecito suave, porque tiene una relación de confianza con su pastor. De hecho, confían el uno en el otro. Por lo tanto, no necesita mucho para prestarle atención porque ya están dadas todas las acciones mencionadas en los capítulos anteriores.

La parte curva del instrumento, el callado, está hecha a la medida del cuello de la ovejita. Eso le sirve al pastor para colocarla alrededor del cuello de su corderito distraído y así utilizar un movimiento suave para jalarlo de nuevo al camino y a la seguridad. De manera que «la vara y el callado» se utilizaban en una acción doble: llamar la atención con la parte recta de la vara («tap tap tap»), unido al jalón suave en el cuello con la parte curva, o sea el callado, para regresarlo al sendero o protegerlo cuando se avecinaba un peligro. Sencillo y discreto. Además, ejecutado con un cuidado tal que no deje ni heridas ni traumas en la oveja. Se ejecuta la disciplina con discreción y prontitud.

Es una verdad inevitable que cuando nos involucramos en las vidas de las personas, en cualquier posición de liderazgo, tendremos tanto la oportunidad como la necesidad de ejercer disciplina en algún momento u otro. Por muy estelar o bien portada que sea la oveja, tarde o temprano se presentará alguna ocasión para regresarla a los principios del orden, y para ese fin es que sirve la disciplina: corregir actitudes con el fin de regresar al discípulo a los principios del orden. No sirve para que el líder o el pastor imponga sus ideas, decisiones o propósitos sobre la vida de las ovejas, sino para enseñarlas, moldearlas y dirigirlas hacia el buen caminar en la vida. La disciplina sirve como una escuela en la que podemos asistir a la oveja en el conocimiento de cómo tomar las mejores decisiones. En ese sentido, la disciplina viene a ser una delicada pero efectiva herramienta en manos del pastor para agregar valor a la vida de la oveja.

La palabra *disciplina* tiene, en su origen, la misma raíz que la palabra *discípulo*. Es decir, una oportunidad para disciplinar debería ser también una oportunidad para discipular, o enseñar. Si la oveja no aprendió algo a través de la acción disciplinaria, entonces dicha acción no cumplió su fin correcto. Una disciplina ejecutada sin un resultado discipulador (didáctico/enseñanza), es un acto despótico y enajenador. Esa clase de disciplina hace que la oveja se sienta marginada, echada a un lado y desprotegida. Sin embargo, una acción disciplinaria ejecutada con buen corazón y espíritu puede lograr resultados maravillosos en ella, asegurando el

> CUANDO NOS INVOLUCRAMOS EN LAS VIDAS DE LAS PERSONAS, EN CUALQUIER POSICIÓN DE LIDERAZGO, TENDREMOS TANTO LA OPORTUNIDAD COMO LA NECESIDAD DE EJERCER DISCIPLINA EN ALGÚN MOMENTO.

aprendizaje de lecciones que jamás olvidará a lo largo de su vida. Ojalá que los pastores tuviésemos más cuidado a la hora de ejercer la disciplina sobre las preciosas ovejas que Dios ha puesto bajo nuestro cuidado. Sin duda, tendremos que rendir cuentas por la manera en que las disciplinamos.

Lo que más me llama la atención de este versículo es que enseña que la acción disciplinaria del buen pastor produce *aliento*. Es decir, lejos de exasperar o provocar angustia en la oveja, la disciplina, correctamente aplicada, produce un resultado alentador en la oveja. La anima e impulsa a ser mejor. Se emplea la palabra *aliento* en esta ocasión por el simple hecho de que la disciplina correcta le da nuevo oxígeno, nueva esperanza y nuevos ánimos al discípulo. Visto estrictamente desde este parámetro, cualquier disciplina que no produzca aliento en el disciplinado no es ni correcta ni bíblica.

DIFERENCIA ENTRE DISCIPLINA Y CASTIGO

Contrario a lo que muchos piensan, disciplina y castigo no son lo mismo. El castigo es una retribución. Tiene que ver con el viejo mandamiento de ojo por ojo y diente por diente (Éxodo 21.23–25), conocido como la ley del talión. Hiciste algo malo y te hago algo malo en retribución porque la ley dice que es lo que te mereces... Jesús, sin embargo, reinterpretó ese mandamiento al decir: «Así que en todo traten ustedes a los demás tal y como quieren que ellos los traten a ustedes. De hecho, esto es la ley y los profetas» (Mateo 7.12, NVI), y dejó claro que nosotros debemos actuar no para retribuir, sino para ayudar tomando la iniciativa en hacer lo que quisiéramos que se haga con nosotros.

La idea se va haciendo clara en toda la enseñanza de Jesús. El castigo está enfocado en el pasado y, en cambio, la disciplina, en el futuro; por eso me es tan lamentable hacer la observación de que la mayoría de la disciplina que se ejerce en la iglesia cristiana de hoy dista de producir aliento en las vidas de los que la reciben. Al contrario, existe un alto nivel de despotismo y totalitarismo por parte del liderazgo en cuestiones de disciplina. Existen pastores a quienes se les olvida que las ovejas gozan de sacerdocio personal. Por lo tanto, asumen el papel de decidir todo por ellas, y cuando las ovejas no hacen exactamente al pie de la letra todo lo que les ordenaron, los pastores se molestan profundamente y emplean medidas disciplinarias extremas que avergüenzan y marcan de por vida a la oveja. Existe tanto abuso de autoridad entre los líderes cristianos que se ha convertido en una epidemia nociva dentro de la iglesia. De hecho, una gran cantidad de las personas que abandonan la iglesia cristiana y se alejan por completo de las cosas de Dios testifican sobre el claro abuso de autoridad por parte de sus pastores y líderes. Es una tristeza y una desgracia. Es algo que debemos cambiar cuanto antes.

DISCIPLINA BALANCEADA CON RELACIÓN

El problema principal con la disciplina abusiva es que se ejerce sin tener una relación de compromiso y amor entre quien ejecuta la disciplina y la persona disciplinada. Donde no existe una relación de amor y compromiso, entonces no existirá una base de confianza. Sin esta base, se desconfía

LA DISCIPLINA ABUSIVA SE EJERCE SIN TENER UNA RELACIÓN DE COMPROMISO Y AMOR.

por completo el uno del otro. Sin embargo, donde existe una relación de amor y compromiso habrá una confianza absoluta, y tanto el disciplinador como el disciplinado entienden que la disciplina servirá para cumplir el propósito eterno del desarrollo y crecimiento de ambos, no solo del disciplinado, aunque seguramente será el más beneficiado, sino también del disciplinador, ya que en cada experiencia disciplinaria aprende a ser un mejor pastor y a velar con más cuidado por sus ovejas. Se puede resumir en la siguiente ecuación:

DISCIPLINA – RELACIÓN = TIRANÍA

DISCIPLINA + RELACIÓN = DISCIPULADO

Uno de los más grandes regalos que Dios jamás me ha dado se llamó Francisco Warren. Era mi padrastro. Por más de treinta y nueve años fungió como la figura central de mi vida familiar. Mi padre biológico murió a mis dos años de edad, y mi mamá se casó con don Francisco cuando yo tenía cinco años. Lo que aprendí de este hombre de Dios es demasiado para contar en estas páginas. Sin embargo, una de las lecciones más grandes que me pudo haber dejado fue el delicado balance entre disciplina y relación. Él sabía que la una no podía funcionar sin la otra. Aunque a veces fallaba de un lado para el otro, le reconozco el esfuerzo constante que tuvo de buscar siempre ese balance. Estaba comprometido ferozmente, casi hasta la obsesión, con el deseo de ser alguien que disciplinara basándose en una relación de confianza, amor e intimidad. Al inicio no fue fácil, pero se fue ganando nuestra confianza.

Cuando llegó a nuestra familia, mi mamá ya había estado viuda por casi tres años. Al principio, mis dos hermanos y yo sentíamos que este señor recién llegado había venido a desbalancear el orden de las cosas en la casa. Estábamos escépticos ante su aparición y nos tardamos en desarrollar una relación de confianza con él. Siendo el hombre sabio que fue, él entendió la necesidad de establecer relación y confianza antes de poder ejercer sobre nosotros algún derecho de disciplina. Así que se dio a la tarea de ganar primero nuestro respeto, dándonos respeto. Se ganó nuestro cariño, dándonos cariño. Igualmente, le entregamos las riendas de nuestro corazón, porque nos entregó las suyas.

Una vez que se dio esta «transferencia de confianza» por así decirlo, don Francisco Warren tomó muy en serio su papel de discipulador en nuestra vida, hasta el día en que partió para estar con el Señor en el año 2006. Nunca dudamos de sus intenciones, a pesar de que muchas veces no nos gustaban sus acciones disciplinarias. Sin embargo, sabíamos, sin lugar a duda, que nos amaba incondicionalmente y que daría su vida misma por nosotros. Esto le dio todo el derecho para ser el discipulador «oficial» y principal de nuestra vida. Tanta fue la confianza y el amor que le teníamos que hasta el día de hoy cuando hago referencia a mi «papá», me refiero al que de hecho fue mi padrastro, don Francisco, pero que en efecto fue un papá para mí, en toda la extensión de la palabra.

Cuando al fin asumió el papel de disciplinador en nuestra vida, mis hermanos y yo nos dimos cuenta de que no se tardó mucho en amaestrar el arte. Además, tuvo una gran maestra: mi mamá, doña Nola. Sin embargo, nunca recuerdo que alguna vez nos haya corregido sin incluir el elemento de relación. Por ejemplo, al terminar alguna «sesión de corrección»

ES COSA DE GRANDES RECONOCER CUANDO HEMOS COMETIDO UN ERROR.

(entiéndase por la aplicación corporal de la vara bíblica en la parte posterior de la anatomía), siempre se tomaba el tiempo de abrazarnos, orar con nosotros y explicarnos, de nuevo, los porqué de la corrección recién vivida. Recuerdo que en muchos de esos momentos se me abrieron los ojos y entendí muchos de los principios de la vida que me formaron como hombre. Mi papá nunca «golpeó y huyó». Siempre nos explicaba antes el porqué iba a disciplinarnos y lo repetía después de haberla ejecutado. La lección quedaba clara.

Una de las más grandes lecciones que me pudo dar mi papá fue en lo referente a la humildad. Nos enseñó el principio de que si cometemos algún error, busquemos corregirlo mediante la petición de perdón y la búsqueda de la restitución. La siguiente experiencia relata a la perfección lo que digo. En cierta ocasión, él me corrigió por algo que yo no había hecho. Tendría unos diez años de edad y le había insistido en que yo no había sido quien había perpetuado el «crimen» que requeriría una disciplina. Él no me creyó y me disciplinó con la vara de todos modos. Cuando estábamos terminando me preguntó: «Marcos, ¿entiendes bien por qué te disciplineé?», que era lo que siempre preguntaba a la hora de terminar una disciplina corporal. Le contesté llorando: «No, papá. No fui yo. Me disciplinaste equivocadamente». Esto lo hizo recapacitar porque normalmente siempre decíamos que no habíamos hecho esto o aquello antes de la disciplina, pero una vez recibida, ya no había motivo para esconder nada y aceptábamos que sí habíamos cometido el error. Pero cuando mi papá se dio cuenta de que yo, aun después de recibir la disciplina, insistía en que me había disciplinado mal, entró a recapacitar, y esto lo instó a investigar más a fondo las circunstancias alrededor del «delito» que suponía yo había cometido.

Esa investigación requirió que se subiera a su camioneta y cruzara toda la ciudad a hablar con otra persona que corroboró mi versión de los acontecimientos. Cuando volvió, después de un par de horas, me fue a buscar y lo que hizo a continuación marcó mi vida para siempre. Al verme, se arrodilló ante mí. No olvide: yo tenía diez años de edad y este caballero y hombre de Dios estaba arrodillado ante mí. El impacto de ese momento no se me ha borrado hasta la fecha, muchas décadas después. Me tomó de una mano y me pidió perdón. Este gran hombre me acababa de mostrar una de las más grandes lecciones de liderazgo que un niño jamás pudo haber recibido: la humildad. Es cosa de grandes reconocer cuando hemos cometido un error. Ese día me pidió perdón una y otra vez. Me dijo que si hubiera manera de quitarme los cintarazos que me había dado lo haría, pero ante la imposibilidad de eso, me pedía que lo perdonara. Nunca olvido la sinceridad en su mirada al decirme esas palabras. El solo pensarlo, hasta el día de hoy, trae lágrimas a mis ojos.

Esa es la clase de relación y sinceridad que debe existir entre el pastor y sus ovejas para que haya disciplina balanceada. Nunca dudé de las motivaciones de mi papá cuando me disciplinaba. Muchas veces no me gustó la disciplina que empleó, pero nunca dudé de sus motivaciones. Él fue un ejemplo vivo del versículo que dice: «Porque el Señor disciplina a los que ama» (Hebreos 12.6, NVI). Mi papá me amaba, por lo tanto, me disciplinaba. La palabra original que se utiliza donde leemos *disciplina* en este verso es la palabra *paideia* que simplemente significa «instruir». De nuevo, la disciplina debe ser para instruir. De no ser así, no produce aliento. Si no produce aliento, no es disciplina bíblica. Punto y aparte.

LO QUE NO PRODUCE ALIENTO

Hay una cantidad de ejercicios disciplinarios que no son bíblicos porque no producen aliento en el disciplinado. A continuación delinearé algunos pocos que he tenido la oportunidad de ver de una u otra manera. Al leer cada una de estas formas, recuerde que estas son las maneras de *no* disciplinar:

1. Flagelar en público. Solo un tirano saca a la vía pública a una persona para castigarla. Se supone que la estrategia detrás de esto es para que las demás personas vean, tomen ejemplo y les entre el temor, de tal manera que nunca cometan el mismo error. Mi observación más importante al respecto es que Cristo ya tomó nuestra flagelación pública y se hizo escarnio y fue avergonzado públicamente para cada uno de nosotros, de tal manera que nadie debería tener que vivir esa vergüenza más. Él se hizo vergüenza por nosotros. Esta estrategia de disciplina no la debemos usar ninguno de los que tenemos el hermoso y asombroso privilegio de guiar a las ovejas al bien de Jehová.

2. Cuarenta azotes menos uno. Esta práctica de los romanos era reservada para el peor de los criminales. A Jesús le tocó recibir treinta y nueve azotes (cuarenta menos uno). La razón por la que se detenían en treinta y nueve era porque, por ley, solo se permitían cuarenta azotes en total. Si el que golpeaba se pasaba por un golpe, el golpeado podía tomar el azote y darle cuarenta a su verdugo. Por eso siempre se detenían en treinta y nueve, por aquello de que hubieran contado mal, no querían pasarse. Sin embargo, treinta y nueve azotes es tortura, en toda la extensión de la palabra. Algunos pastores en lugar de corregir a sus ovejas, las torturan. Le dan y le dan y le dan hasta que maten a la ovejita. Pastores, una vez que haya ejercitado una disciplina correcta, que da aliento, suelte a la oveja. No la siga golpeando. Basta.

3. Ser irrespetuoso. Faltarle al respeto a la oveja no producirá más que enajenamiento entre ambos. Hablarle con desdén y desprecio solo producirá en ella desdén y desprecio hacia el pastor. Hay un dicho que afirma: «El respeto no tiene pleito con nadie». No tenemos por qué entrar en un vocabulario injurioso, denigrante u ofensivo. Al faltarle al respeto a sus ovejas, solo se está faltando el respeto a usted porque le están siguiendo porque se supone que usted es el líder. Al tratarlas con falta de respeto, les está diciendo, en efecto, que son tontas por seguirlo a usted. No se falte usted mismo el respeto al faltarle el respeto a ellas.

4. No hacer una mejor investigación / escuchar solo un lado de los datos. Un error que cometemos con demasiada frecuencia es olvidar que siempre hay dos lados de una historia. Existe una tendencia humana a procesar una serie de datos en el momento de oírlos. Nos entra la tentación de sentir la ofensa de la persona que nos está contando su versión de las cosas y queremos tomar acción inmediata porque, como líderes, una de nuestras tareas es traer balance y justicia a las circunstancias que nos rodean. Sin embargo, el líder maduro entiende que no debe tomar una decisión basándose solo en un lado de la información. Debe hacer una investigación más profunda o bien tomar una determinación si siente que está siendo víctima de un vil chisme. Pero si existe una situación real, debería adoptar la práctica de no ejercer disciplina hasta que sepa todos los datos del asunto. Ejercitar en otros la disciplina requiere que seamos autodisciplinados (2 Timoteo 1.7).

5. Gritar y perder el control. Los pastores son líderes. Los líderes somos apasionados. Los apasionados vivimos con un torrente de emociones fuertes que nos hacen quienes somos y, en la mayoría de los casos, es precisamente esa pasión, energía, vitalidad y entusiasmo lo que atrae a tantos seguidores. Armados con ese conocimiento, los pastores tenemos la obligación de ser disciplinados con esas pasiones. No podemos mostrar el mal ejemplo de perder el control gritando y regañando en público a las personas. Además de verse mal, es de muy mal gusto. Encima, provoca un ambiente de desánimo y desaliento en las personas. Adicionalmente, cuando la gente ve a un líder comportarse así, les da pena ajena. Sienten lástima por ese líder. No los acerca ni los congracia. Normalmente los aleja. Mantenga la calma, aunque tenga que contar hasta mil. Sus ovejas, y todos nosotros, se lo vamos agradecer.

6. «Congelar» al disciplinado. Otra de las tácticas que se utilizan sin efectividad es la de tratar al disciplinado como si tuviera lepra. No le hablan, no lo buscan, no preguntan por él, y cuando lo topan en público lo ignoran o lo tratan como un ser humano de baja categoría. Esto muestra mucha inmadurez por parte del pastor. Es, literalmente, una niñada. Así hacíamos las cosas en la primaria y aun entonces, después de quince minutos, olvidábamos la ofensa y volvíamos a incluir a nuestro amigo al grupo. Una vez que le haya llamado la atención a la oveja, regrésela al redil con toda la dignidad que se merece y asegúrese de que nadie la margine ni la señale. La disciplina que produce aliento es hecha con tanta elegancia que nadie sabe lo que sucedió.

7. «Sorprenderlo» en una mentira o falta. En Salmos 40.15 dice: «Sean asolados en pago de su afrenta los que me dicen: ¡Ea, ea!». Pareciera que hay líderes que lo único que quieren es tener la razón, sin importar cómo la obtienen. Les encanta decir triunfalmente «ea, ea» a la hora de saber que tienen la razón sobre la oveja. Mientras indagan con la oveja cuáles son los detalles del «delito», tienden unas tremendas trampas de palabras, testigos oculares, pruebas y más pruebas para que al final quede orillada la oveja, arrinconada de tal manera que el líder pueda decir «ea, ea... te tengo». Se gozan al tener la razón, mientras la oveja tiembla en un rincón, asustada, confundida y nerviosa respecto a su situación y completamente insegura acerca de su futuro. El propósito de la disciplina no es «tener la razón». Es buscar cómo mejorar la vida de la oveja de tal manera que viva mejor. Es tener una oportunidad de educación personal. A este fin, el pastor no es un espía. Es un apoyo. Un corazón de amor que desea lo mejor para su encargo.

8. Traer a la memoria los errores ya tratados y corregidos. «Es que tú siempre haces esto. Recuerda la vez cuando...». Esas son palabras que el pastor nunca debe usar en una ocasión de disciplina. La oveja es la primera en conocer sus patrones. Es la primera en recordar todos los errores de su pasado. Qué bueno que servimos a un Dios que no recuerda nuestros errores del pasado, sino que nos pinta un futuro brillante. Ese ejemplo debemos tomar del Señor. Cuando disciplinemos, no les recordemos sobre cosas que ya han quedado resueltas. Tratemos cada circunstancia como individual. A menos que la oveja esté incurriendo en el mismo error una y otra vez. En ese caso, deberíamos ver cuál es entonces el error en nuestro proceso de restauración que causa que la persona incida en los mismos errores. El que una oveja cometa el mismo error vez tras vez es tanto un reflejo de él como individuo, como del pastor que no ha sabido conseguirle la ayuda adecuada para que no vuelva a incidir. En ese caso, ambos tienen responsabilidad. Revise sus métodos de discipulado para saber cómo ayudar mejor a esta oveja. Sin embargo, no perdamos de vista que la razón principal de ejercer disciplina es para que la oveja aprenda algo que le ayude a no cometer el mismo error.

9. Utilizar tácticas de vergüenza. «Debería darte vergüenza...». Más vocabulario inaceptable para disciplinar a las ovejas. Recordemos: la disciplina no es para causar vergüenza, es para enseñar códigos de conducta que hacen que la oveja vuelva al orden. Es para educar. Utilizar la

> ## LA DISCIPLINA DEBE HACERSE CON TAL GRACIA Y ENTENDIMIENTO QUE LA OVEJA SALGA DEL PROCESO INSTRUIDA, PROTEGIDA Y AMADA.

vergüenza y la degradación como herramientas didácticas es inaceptable. En cierta ocasión presencié una de las reuniones más vergonzosas que puedo recordar. Dos jóvenes de la congregación habían pasado un fin de semana de alcohol, habían bailado con algunas chicas hasta altas horas de la madrugada, y llegaron borrachos a sus casas. Cuando lo supo el pastor, los confrontó, confesaron privadamente y le dieron todos los detalles de su fin de semana de pecado. El mejor castigo que pudo pensar el pastor para estos dos jovencitos de diecisiete y dieciocho años fue pasarlos al frente de la congregación para confesar públicamente a todos su pecado, durante la reunión general del domingo en la mañana. Recuerdo haber visto esto y sentir la vergüenza de estar presenciando un acto de abuso de confianza y autoridad. Cuánta falta de respeto. Cuán poco tacto y elegancia. Todos sentíamos la pena: los dos jóvenes en cuestión, sus familiares y amigos, todos los demás hermanos de la congregación. Los únicos que estaban felices eran el pastor y un puñado de fariseos que siempre les encanta ver retorcerse de pena a las personas que han sido «sorprendidas» en el pecado. La emoción más fuerte que yo sentí aquella mañana fue indignación. Saber que los pastores utilizan su influencia y autoridad para avergonzar de esa manera a la gente me puso en mal estado de ánimo. La disciplina no es con el fin de avergonzar a la gente. No ayuda en nada.

10. Correrla del redil. «Aquí no queremos a personas como usted... Se me va de este lugar ahora mismo». Esta es otra actitud que me sorprende porque lleva inherente una falta de entendimiento de a quién le pertenecen las ovejas. ¿Quiénes nos creemos para correr a las ovejas? ¿Qué derecho nos asignamos como para sentir que tenemos esta autoridad? ¿Acaso se nos olvidó que son «ovejas de *su* prado» (Salmos 100.3) y que nosotros solo somos mayordomos de ellas? ¿Qué cuentas le rendiremos sobre cómo tratamos a esas personas? «Bueno Señor, es que tú sabes que lo tuve que correr por _____». Mi pregunta es: ¿cómo llenaremos *ese* espacio vacío?

Como pastores, a veces nos sentimos frustrados con las cosas que hacen las ovejas y los problemas en los que se meten. Pero para eso debemos estar nosotros: para ayudarles a solucionar sus problemas y enseñarles a vivir mejor. Si las corremos, perdemos toda la inversión ya hecha en sus vidas, aparte de dejar una huella de tristeza en sus corazones, por no mencionar la posibilidad de amargura o resentimiento que casi siempre es el resultado de tal acción definitiva. Seguramente podríamos encontrar la templanza necesaria para seguir discipulando estas vidas que han sido encargadas en nuestras manos. ¿No cree usted? Ahora le pregunto: ¿hay algún límite? Solo se me ocurre uno, y es que esta persona sea un peligro concreto y real para otros. No me refiero a una «opinión», sino que sea alguien que haga correr peligro a los menores, a los débiles o que crónicamente ejercite maldad sobre otros. En esa circunstancia, vístase de gracia pero observe que el acto de alejar a esta persona también debe ser hecho con misericordia.

11. Boletinar a la oveja. «Para su difusión inmediata: el siguiente individuo _____ ha sido hallado deficiente de carácter y moralidad cristiana. Asegúrense de no recibirlo en ninguna iglesia en toda esta ciudad y, de ser posible, impídanle la entrada al cielo mismo...». ¿En serio? La cantidad de problemas que provocan este tipo de circulares es incalculable. Aunque usted no lo crea, he visto y tenido en mis manos algunos de estos boletines. Uno de ellos tenía que ver conmigo: me habían boletinado en una denominación. Prohibida mi entrada a cualquiera de sus iglesias o eventos, de cualquier tipo. Estaba oficialmente prohibido que algún pastor de esa denominación me invitara a predicar o a cantar en su iglesia. Me daba mucha pena cuando los hermanos de esa denominación me saludaban después de mis conciertos diciendo que habían venido a escondidas de su pastor y que habían sido ministrados por el Señor. ¡Cuán ciegos somos los líderes cuando estamos proclamando a los cuatro vientos lo que otros hicieron mal! Solo logramos que las ovejas se alejen, se confundan, se dispersen, anden por ahí a escondidas. El boletinar a las personas no ayuda en ninguna manera a crear un ambiente que facilite el discipulado ni el crecimiento. Solo causa más heridas y dolor. Aparte de eso, muchas de las personas que etiquetamos como «problemáticas» deberían tener la oportunidad de cambiar, crecer, madurar y llegar a una vida plena en Cristo. Si las boletinamos porque no han cumplido con nuestras expectativas, estamos profetizando (mediante el mismo boletín) un futuro de inmadurez. Muchas veces, el «boletín» no es una hoja física con palabras escritas, sino una actitud de tachar a una persona y nunca más darle oportunidades. Tratarlo con cierto recelo y aislamiento porque, simplemente, ya no creemos en ella. Esto es igualmente doloroso y dañino para la oveja.

Pero dirá usted: «Si el apóstol Pablo boletinó a un hombre en el Nuevo Testamento». Pues sí. Creo que puedan existir casos muy extremos, y supongo que al hacer esto, Pablo había visto todos los ángulos del asunto, como para al final llegar a esta conclusión. Pero considero firmemente que esas son las excepciones, no lo común. Creo que debemos ver menos esa acción y más la de ayudar a las personas a crecer y caminar en victoria con nuestro Señor. Pero si usted siente que tiene que boletinar a las personas y desea usar el ejemplo del apóstol Pablo, pues quizá también podría usted escribir la mayoría del Nuevo Testamento y alcanzar al mundo para Cristo, como lo hizo él, o soportar los naufragios, golpes, pedradas y cárceles que él vivió. No sé. Creo que debemos considerarlo con honestidad y corazón calmo.

En conclusión, lo más importante que hay que recordar es que la vara y el callado deben infundir aliento: ganas de vivir, ánimo y consuelo. La disciplina debe hacerse con tal gracia y entendimiento que la oveja salga del proceso instruida, protegida y amada. El gran objetivo de la disciplina es ver a la oveja llegando a nuevos niveles de comprensión y disfrute del plan de Dios para su vida y, aunque a veces duela la corrección, tanto a la oveja como al pastor, la intención detrás de la acción de disciplinar es que esa oveja alcance un futuro mejor y sane cualquier herida resultado de un error.

CAPÍTULO **11**

EL MISTERIO DE LA TOALLA

«ADEREZAS MESA DELANTE DE MÍ EN PRESENCIA DE MIS ANGUSTIADORES; UNGES MI CABEZA CON ACEITE; MI COPA ESTÁ REBOSANDO».

Salmos 23.5

OCTAVO HÁBITO
SERVIR 8

Volúmenes completos se han escrito sobre el concepto de ser un líder/siervo y la necesidad que tenemos de hacer caso de las instrucciones de Jesús sobre el que quiera ser grande sea siervo (Mateo 20). Llevo toda mi vida escuchando mensajes extraordinarios sobre el relato de cuando Jesús tomó la toalla y un recipiente con agua y se arrodilló a los pies de sus discípulos para lavarles los pies. Sin embargo, si conocemos la historia, ¿por qué nos cuesta tanto seguir el ejemplo del maestro? Claro que he presenciado ejemplos de pastores y líderes que le lavan los pies a otro, pero también he presenciado demasiados malos ejemplos. Si somos honestos, entendemos lo que debemos hacer conceptualmente. Entonces, ¿por qué existe una carencia de pastores siervos? ¿Por qué aún existen líderes que sienten que todos los demás deberían servirles a ellos y no al revés? ¿Por qué tantos pastores estamos esperando que las ovejas nos sirvan a nosotros en lugar de nosotros servir a las ovejas? ¿Cuál es el misterio de la toalla? En teoría, tenemos bien abrazado este principio de servir, pero en la práctica, nos hace mucha falta caminar hacia la meta de ser pastores que les preparan la mesa a sus ovejas, es decir, les sirven.

Al menos fragmentariamente yo estoy aprendiendo que el misterio del ejercicio del servicio tiene mucho que ver con la cuestión de la identidad. Saber quiénes somos y entender nuestro rol. En este cuadro del Buen Pastor, si nos detenemos a pensar que este Buen Pastor es nada más y nada menos que Jehová, el soberano del universo, sirviéndole la mesa a la oveja, es impactante, por decir poco. Esta lectura no pinta un cuadro de Jehová sentado a la mesa mientras algunos de sus ángeles servidores o seres celestiales atienden la mesa. No, es de Jehová *mismo* preparando, sustentando y sirviendo la mesa.

El simbolismo es claro: la tarea del pastor es servir a sus ovejas y asegurarse de que la mesa siempre esté nutrida de alimento sano, saludable y delicioso que renovará las fuerzas, el ánimo y la vida de la oveja. Tomando su ejemplo, la lección es evidente: es la tarea de cada pastor servir a las ovejas que Dios les ha encargado, y ese servicio va de la mano de la autoridad. El ejemplo de servicio por parte de Dios lo tenemos eternamente escrito en la vida de Jesús, quien no consideró el ser igual a Dios como algo a qué aferrarse, sino que se despojó de sí mismo y tomó forma de hombre y aun estando en condición de hombre, se hizo siervo y tomó la culpa de toda la humanidad en uno de los actos de servicio y humildad más grandes que jamás la historia de la humanidad haya conocido (Filipenses 2.5–9). ¿Por qué, entonces, es tan difícil para nosotros hacer lo mismo? ¿Por qué batallamos en servirnos el uno al otro? ¿Por qué no podemos hacer lo mismo que hizo en este pasaje el buen pastor y servir a los que están en la mesa? Quizás es porque nos sentimos inseguros de quiénes somos.

SIN ACEPCIÓN DE PERSONAS

A través de los años he tenido la oportunidad y, por qué no admitir, el gusto de viajar muchísimo con mi banda. Este grupo de personas son músicos profesionales que han dedicado sus talentos al servicio del Señor, y sin los cuales no podría hacer con efectividad la labor a la que Dios me ha llamado. Después de trabajar juntos y convivir tanto, nos convertimos no solo en amigos, sino en familia. Nos ha tocado estar en muchas circunstancias juntos, la mayoría de ellas buenas pero en algunas otras, no tanto. Una de las actitudes que noté tempranamente al empezar a viajar era que algunos

> **EN LA PRÁCTICA, NOS HACE MUCHA FALTA CAMINAR HACIA LA META DE SER PASTORES QUE LES PREPARAN LA MESA A SUS OVEJAS.**

líderes y pastores que nos recibían en sus iglesias o ciudades me trataban de forma diferente a mí que a mi banda. En ocasiones era tan notoria la disparidad que daba pena. Yo observaba como los obviaban, sin ponerles atención, como si fueran ciudadanos de inferior calidad que no tenían derecho a estar en la presencia de este pastor o líder que se creía, no sé quién. Esta actitud me llegó a molestar muchísimo en más de una ocasión.

Como pastores, ¿por qué no tratamos a todos con el mismo respeto y solicitud? ¿Por qué reservamos un mejor trato o actitud hacia quienes creemos ser más «dignos»? Después de haber sido pastor de una de las iglesias más grandes de Estados Unidos, entiendo que no se puede recibir a todos. Sería físicamente imposible. Sin embargo, a los que se recibe y atiende, debemos recibirlos y atenderlos con todo el corazón y con la actitud absoluta de «servir la mesa» para esas personas en ese momento. Una de las metas que me propuse hace muchos años fue que al recibir a cada individuo lo hiciera sentir como la persona más importante en todo el universo en ese momento. Me propongo que en esos minutos que está pasando conmigo la oveja, se sienta tan importante como lo es la Reina Isabel II de Inglaterra, por el trato que le doy, el respeto, la atención y la cortesía que le muestro. Mi meta es que se vaya de mi presencia sintiendo que ha sido escuchada, atendida y servida. ¿Habré fallado alguna vez? Sin duda que sí porque soy un ser humano con mil fallas. Pero por lo menos ha sido una meta a la que le atiné más veces de las que fallé.

Uno de los mejores ejemplos de un pastor siervo lo tuvimos cuando visitábamos cierta congregación cristiana en un país centroamericano con toda mi banda. Habíamos tenido un día muy largo que incluyó levantarnos muy temprano; tomar un vuelo de varias horas; llegar directo al lugar del concierto para instalar instrumentos, hacer pruebas de sonido, colgar pantallas de video, luces y todo lo demás que acompaña un rigor técnico para presentar un concierto de excelencia. La banda y los técnicos habían pasado todo el día en aquella iglesia, desde que llegaron hasta que terminamos de tocar. Todavía al terminar el concierto, a la banda y los técnicos les toca recoger cables, empacar equipo, etc. En fin, para cuando termina un día como estos, los profesionales están sumamente cansados, necesitando una ducha, una cena y una cama donde descansar.

En esta ocasión en especial, nos habían preparado una cena en uno de los salones del mismo plantel de esta masiva congregación. Cuando llegamos al sitio donde nos servirían, reinaba un ambiente de alegría y fiesta. Habían colocado unos banderines con los colores de su país, y todos los servidores vestían trajes típicos de su nación, elegantes y relucientes esperando emocionados nuestro arribo. Fue impactante la escena porque se notaba que estaban felices y orgullosos de servirnos. Cuando entramos, comenzó a sonar música típica y festiva de la región. Esta hermosa gente había preparado todo un ambiente de fiesta para honrar a Marcos Witt y su banda. Me sentí tan halagado al ver con cuánta elegancia trataban a mi banda. Estos hombres sumamente profesionales y entregados, pero exhaustos, que hacen su trabajo, no para que les aplauden (de hecho, la mayoría de ellos nunca reciben reconocimiento alguno), sino porque aman lo que hacen, aparte de amar al Señor, estaban siendo reconocidos y servidos por este bello grupo de personas que con tanto agrado habían preparado esta fiesta, con música, baile, color y comida. Cuán hermoso es el Cuerpo de Cristo. Unos sirviendo a otros. Que bello fuera si ocurriera así en todos lados.

Al término de este concierto me habían detenido para tomar fotos y firmar algunos autógrafos, así que cuando llegué al saloncito donde habían preparado todo para esta fiesta, ya habían comenzado a cenar y celebrar. Lo primero que noté fue una felicidad y satisfacción en el rostro de cada uno de los músicos y técnicos que conformaban mi equipo de trabajo. Su sonrisa lo decía todo: estaban siendo servidos y a través de ese servicio sencillo, estaban siendo honrados. Es importante entender que el servicio a otros honra. Pero lo que más me sorprendió de esa festiva escena fue ver al pastor principal de aquella enorme congregación con muchísima influencia mundialmente, detrás de una de las mesas de servicio, en fila con todos los demás servidores, llenando los platos de mis músicos con arroz, carne, pollo y pan. Mis ojos no lo podían creer. Lo escuchaba preguntando a las personas que se acercaban a donde él servía: «¿Qué le sirvo mi hermano? ¿Qué le gustaría probar?», y luego se disponía a explicarle los detalles de algunos de los platos típicos de su región con una alegría que se asemejaba a cada uno de los servidores que estaban ahí. ¡Qué ejemplo tan grande de servicio!

Por si fuera poco, al rato de que mis músicos terminaban sus primeros platos, este mismo pastor anduvo entre todas las mesas recogiendo los platos y llenándolos de nuevo para que tuvieran segundas y terceras servidas. Después de un largo rato de servir a todos los demás, se vino a sentar a mi lado y conversamos mucho. No recuerdo la conversación. No hizo falta recordarla. La lección que me había dado ya estaba más que recibida, catalogada y procesada en mi espíritu, y nunca hizo falta una sola palabra para yo recibir la lección. ¡Qué hermoso espíritu de siervo tiene ese pastor! Lo honro.

Sería tan sano que existieran más pastores como él. Pastores que le coloquen un alto valor al servicio, así como Jehová, el Buen Pastor, lo coloca. En lugar de lo que vemos en tantas congregaciones cristianas, donde los pastores están buscando tener los principales lugares, deseando ser reconocidos y queriendo destacar entre sus consiervos. ¿Cómo cambiaremos esta lamentable realidad? Haciendo lo mismo que hizo Jesús: tomando forma de siervo. No se aferró a su título de ser «igual a Dios» (Filipenses 2.6) como algo a que aferrarse, sino que se despojó. No miró por lo suyo propio (Filipenses 2.4), sino miró por lo de nosotros. No le importó ser el hombre más bajo, «siervo» (Filipenses 2.7), con tal de rescatar a la humanidad de su condición pecaminosa. No le importó morir de la peor manera posible, «muerte de cruz» (Filipenses 2.8). Mire la sucesión: de Dios a hombre. De hombre a siervo. De siervo a muerte. La peor muerte posible, la cruz. En todo nos mostró el ejemplo de máximo servicio y entrega. ¡Qué ejemplo!

SERVIR EN EQUIPO

Otra de las premisas para destacar es que las personas con un genuino corazón de servicio no tienen dificultad para trabajar en equipo y fortalecer a otros a su lado.

En el Nuevo Testamento está claro que el liderazgo lo ejercían colectivamente el grupo de ancianos de una iglesia, que eran los líderes bajo la dirección del Espíritu Santo. No era un solo hombre el responsable de hacerlo todo. El pastor no puede ser visto ni verse a sí mismo como un mecánico que corre de un lado al otro con una caja de herramientas eclesiásticas solucionando problemas, temiendo que aparezca el siguiente o que algún engranaje esté fuera de lugar. Debe dedicarse a nutrir a un grupo de discípulos de Jesús con

LAS PERSONAS CON UN GENUINO CORAZÓN DE SERVICIO NO TIENEN DIFICULTAD PARA TRABAJAR EN EQUIPO.

quienes compartir la tarea del liderazgo.

En Mateo 20.25 Jesús enseña a sus discípulos sobre ser siervos. Toda la instrucción comienza cuando dos de ellos le piden visibilidad y autoridad. De hecho, estos dos tremendos discípulos le habían pedido a su mamá que abogara por ellos ante Jesús. ¡Insólito! Sin embargo, lo hizo la señora de Zebedeo. Cualquier madre lo hubiera hecho, quizá. Con todas las conversaciones que Jesús estaba teniendo con sus discípulos acerca del Reino de los cielos y en que hablaba de un Padre Celestial, de tronos y reyes de esta tierra, los discípulos habían deducido que este Mesías, en quien creían con todo su corazón, iba a ascender a algún trono y ejercer muchísimo poder. Entonces, ¿por qué no tener aseguradas algunas plazas de importancia cuando esto se realizara? Con ese fin, los hijos de Zebedeo le piden a la mamá que interceda, o ella se ofrece (no estamos seguros de cuáles fueron las circunstancias; el caso es que el orden de las cosas no altera el producto). La mamá se acercó a Jesús a pedir influencia y autoridad para sus dos hijos. De hecho, el vocabulario que utiliza es interesante: «Ordena que en tu reino se sienten estos dos hijos míos, el uno a tu derecha, y el otro a tu izquierda» (Mateo 20.21).

¡«Ordena», le dice a Jesús! La señora de Zebedeo dándole órdenes para que dé órdenes. A Jesús, el Mesías y Redentor de la humanidad, le está dando órdenes esta señora. ¿Quién es esta mujer? ¡Cuántas agallas! Con razón a los hijos de Zebedeo también les llamaban «los hijos del trueno».

Qué ejemplo habían tenido en esta madre. El caso es que la petición de esta mujer crea un tremendo problema entre los demás discípulos porque todos ellos también pensaron, seguramente, que cada uno de ellos merecía esos puestos. De hecho, el relato cuenta que se enojaron contra los dos hermanos, hijos de Zebedeo. Han de haber pensado: *¿quiénes se creen estos dos como para pedir lugares de autoridad?* Esa es la naturaleza humana: siempre deseando y pidiendo visibilidad. Buscando los mejores puestos. ¿Cómo nunca nadie se discute los puestos de servicio? ¿Cómo no vemos a las personas peleándose para ver quién puede servir a los demás? No. Casi siempre son pleitos teniendo que ver con posición, autoridad, visibilidad, prestigio y renombre.

Jesús se entera del pleito que hay entre los discípulos y se aprovecha de la ocasión para darles una enseñanza. Esta comienza en Mateo 20.25: «Sabéis que los gobernantes de las naciones se enseñorean de ellas, y los que son grandes ejercen sobre ellas potestad». Lo sabían porque era el modelo que conocían y bajo el cual operaba la sociedad en la que vivían. Sigue siendo el modelo bajo el cual opera la sociedad en la que vivimos usted y yo miles de años después. Precisamente por ello es que los discípulos se encuentran en esta discusión. Pueden ver el potencial de ser uno de los «gobernantes» o al menos uno de los «grandes» en el Reino de Jesús, este reino terrenal que se imaginaron que Él establecería. Ya estaban imaginándose la gloria, las riquezas, el reconocimiento y la atención pública que recibirían. Se les hacía agua la boca. Cuando de pronto Jesús cambió las reglas del juego por completo e introdujo un concepto tan radical que hasta el día de hoy batallamos por entender del todo cómo llevar a cabo este reino de Jesús. Dijo: «Mas entre ustedes, no será así». Seis palabras pequeñas que cambiarían el rumbo del liderazgo cristiano para toda la eternidad. Seis palabras que individualmente no tienen ningún peso ni importancia, pero que juntas y conformadas en esa precisa configuración, cambian todo. Literalmente, todo. Seis palabras que por algún motivo, millones de pastores y líderes cristianos nunca han leído o si las han leído, no les han tomado la importancia que merecen porque al proferirlas, Jesús nos está dando completamente una nueva serie de instrucciones, totalmente opuesta a lo que es el sistema de este mundo.

En efecto, Jesús está diciendo que no usemos el sistema de este mundo como nuestro modelo de liderazgo, sino que usemos el que Él implementaría ahora en las próximas dos o tres frases que habla a continuación. En otras palabras: «No hagan las cosas como siempre las han visto, háganlas así...». Nueva serie de reglas. Cambio de juego. Nueva mentalidad. Seis palabras que cambiarían el panorama del liderazgo cristiano para siempre.

Casi podemos sentir la mirada de Jesús sobre los hijos de Zebedeo cuando pregunta: «¿Quieren ser grandes? ¡Sirvan!». Qué incomodidad han de haber sentido. Ojalá la mamá hubiera rondado aún por ahí para darse cuenta de la metida de pata que había cometido. Los demás discípulos que habían discutido con los hijos de Zebedeo, peleándose por los puestos, seguramente solo miraban el piso en silencio, apenados por haber entrado en tal discusión tan absurda. Jesús, con su compasión y amor incondicional, sigue instruyendo. Dice: «¿Quieren ser los primeros? ¡Sirvan!». A estas alturas, seguramente nadie dice nada. No hay nada más que decir. Pero no se me escapa de la imaginación que uno que otro de los discípulos, al oír estas palabras, se haya dado cuenta de que algo revolucionario estaba sucediendo en estas enseñanzas. Casi puedo ver las luces prenderse sobre sus cabezas al entender que Jesús estaba dándoles una de las herramientas secretas más poderosas que un líder puede tener. Estos hombres eran brillantes y habían sido personalmente escogidos por Jesús porque sabía que cambiarían el rumbo de la historia de la humanidad, por lo que no pudieron haber tardado en entender que con esa breve y poderosa enseñanza, su liderazgo cambiaría para siempre. Nunca serían igual. Nunca podrían ver la visibilidad, la autoridad y el reconocimiento con los mismos ojos.

La mamá de los hijos de Zebedeo se volvió a su casa, no humillada, sino iluminada sobre cómo funcionaría este Reino del evangelio. Un Reino totalmente al revés de los reinos humanos de esta tierra. Un Reino donde el más grande de ellos, Jesús mismo, el Hijo de Dios y Redentor de la humanidad, tomaría una toalla y agua para lavar los pies de Sus discípulos. Un Reino donde, en lugar de buscar visibilidad, buscó servir. Donde en lugar de ser servido, vino a servir y dar su vida en rescate de muchos (Mateo 20.28). Si el más grande entre nosotros hizo esto por nosotros, ¿cual, entonces, será el ejemplo para cada uno de nosotros? ¿cuál lo mismo por aquellos que están bajo nuestro cuidado? Servir y dar nuestra vida en rescate por muchos. Es lo menos que podemos hacer ante este ejemplo puro de servicio que nos ha dado nuestro Señor Jesucristo.

«EN PRESENCIA DE MIS ANGUSTIADORES»

Es interesante que David, siendo pastor, incluya esta frase en ese versículo que habla del servicio. En el cuadro tenemos la mesa, servida por el Buen Pastor, y la oveja sentada, siendo servida, atendida. Siempre que vemos mesas de banquete y comida en la Biblia, es representativo de la provisión divina y abundante por parte de nuestro Señor que ha prometido siempre cuidarnos, alimentarnos y vestirnos mejor que las aves del cielo y las flores del campo (Mateo 6.33). Una mesa servida es el simbolismo teológico que hace referencia a la abundancia eterna de Dios. El mismo David, quien escribe de esta mesa, habla en otro salmo de que nunca ha visto al justo desamparado ni a sus hijos mendigando pan

(Salmos 37.25). Dios proveerá para cada una de nuestras necesidades.

En este cuadro, aparte del ambiente festivo y acogedor del banquete que describe el salmista, también encontramos a unos seres tenebrosos que se limita en llamar simplemente: los «angustiadores». En otra versión se traduce, nuestros «enemigos». La palabra en el original significa alguien que oprime, impide (literal o figurativamente), acosa, ataca y encarcela. En otras palabras, es la descripción pura del enemigo de nuestra alma: Satanás. Siempre cerca, merodeando en las sombras para ver cómo nos puede atacar, acosar, reprimir, robar o encarcelar. Observando todo con ese ojo envidioso, agachado y rezagado en una esquina obscura, mientras el Buen Pastor nos consiente, nos ama y nos sirve la mesa con profundo amor y cariño. Todo lo que el enemigo odia. Casi como que podemos escuchar al Señor decir: «Ven acá, Satanás. Mira nada más lo que hago para mis hijos. Mira cómo los consiento. Mira cómo les proveo. No hay nada que puedas hacer para robarles la bendición, abundancia y provisión que les estoy dando. Mira con qué alegría les sirvo. Observa mientras les entrego el pan y les sirvo de tomar. Todo lo que deseas robarles y de lo que les quieres privar, mientras estoy aquí, no hay nada que puedas hacer para quitárselo».

Mientras se mantiene el Buen Pastor ocupado en servir la mesa, los angustiadores no se pueden acercar. Tienen que mantenerse a la distancia. Si por algún motivo el Buen Pastor deja de servir, la oveja es vulnerable a la posibilidad de que sus enemigos la destruyan. Esta es otro gran incentivo del porqué los pastores debemos cuidar bien a nuestras ovejas y no distraernos de la tarea de servirles. Mientras les servimos, los enemigos no tienen acceso a las ovejas. Tendrán que mantenerse en la distancia.

Existe un placer sin paralelo en esta tierra: ver las sonrisas, escuchar las risas o presenciar las lágrimas de una persona

> UNO DE LOS MAYORES GOZOS QUE TENEMOS COMO PASTORES ES VER A LAS PERSONAS RECIBIR TODA LA ABUNDANCIA DE DIOS.

que está siendo servida por alguien que ama. ¿Usted lo ha experimentado? Yo no lo cambio por nada del mundo. Uno de los mayores gozos que tenemos como pastores es ver a las personas recibir toda la abundancia de Dios, en presencia de los angustiadores, que solo quieren destruir sus vidas. Recibir el bien y la benevolencia del Señor a pesar de sus difíciles circunstancias. Poder ser portadores de la gracia y bondad de Dios a las personas necesitadas y observar sus reacciones de júbilo al recibir el favor de Dios. Que no nos cansemos nunca de gozar esos momentos de servir a nuestras ovejas en presencia de sus angustiadores. Gocemos al verlas beber y comer de las bendiciones de Dios, mientras sus enemigos no pueden hacer nada al respecto. Seamos quienes les sigamos sirviendo el plato, y llenándoselo una y otra vez, ante la mirada desesperada del angustiador que lo único que desea es destruir a esa hermosa oveja que Dios nos encargó.

LOS **8**
HÁBITOS DE LOS
MEJORES
LÍDERES

CAPÍTULO **12** **EL**
LEGADO

«CIERTAMENTE EL BIEN Y LA MISERICORDIA ME SEGUIRÁN TODOS LOS DÍAS DE MI VIDA, Y EN LA CASA DE JEHOVÁ MORARÉ POR LARGOS DÍAS».

Salmos 23.6

En el año 2006, se fue con el Señor mi papá, quien como conté unos capítulos atrás fue en realidad mi padrastro. Desde mis cinco años de edad, cuando se casó con mi mamá, llegó a ser mi padre en toda la extensión de la palabra. Fue la persona que Dios escogió para formarme como hombre, ministro, hijo, padre y profesional. Su aportación natural y espiritual a mi vida es, literalmente, inmedible. Por eso, puedo decir sin lugar a equivocarme que él fue la persona que más influyó en mi vida.

Cuando él murió, nos dejó a toda la familia una herencia incalculable, aunque no de bienes materiales, porque no tenía muchas propiedades aquí en esta tierra. Tampoco nos dejó dinero en el banco, ya que casi todo el dinero que le llegaba lo invertía para la obra del Reino, a la que se dedicó la mayor parte de su vida. Pero la riqueza inmensa que nos dejó tiene que ver con su legado. Su carácter intachable, su integridad impecable, su entrega absoluta al Señor, su ejemplo de rectitud y honradez han sido nuestra principal herencia. Fue un hombre de convicciones fuertes y definidas. Vivía con los propósitos de su vida muy bien resueltos y ejecutados en total congruencia con quien era como ser humano. Fue el mismo en el púlpito que en la casa. Su trato con todos era ecuánime. Nunca vi a dos personas, siempre fue uno solo.

El día del funeral vinieron sus amigos de muchos lugares diferentes del mundo para honrarlo y celebrar la memoria de esta gran persona. A la mitad del servicio, me empecé a dar cuenta de que había varias palabras que se repetían con frecuencia en los labios de quienes lo habían conocido a lo largo de sus setenta y cuatro años. Palabras como integridad, humildad, entrega, pasión por la Palabra, buen sentido del humor. En efecto, todos los que tuvimos el honor de estar en su vida podemos decir un fuerte y rotundo amén ante cada una de esas palabras, porque lo describen a la perfección. Mi papá fue un hombre riquísimo, sin tener dinero. Fue rico al poseer una serie de grandes actitudes que definían su ética de vida.

He llegado a una estación en mi vida en la cual reflexiono mucho sobre cuál será la herencia que les dejaré a mis hijos, tanto naturales como espirituales. En Proverbios 13.22 dice que el hombre «bueno» dejará herederos a los hijos de sus hijos. Otra versión dice: «una persona de bien» al referirse al hombre bueno. Mi papá fue ese hombre. Cuánta riqueza espiritual y moral nos dejó. Muchas veces me pregunto si podré dar el ancho que él dio. Es mi anhelo darlo. Cuando me siento desfallecer, me basta traer a la memoria su vida y escuchar de nuevo algunos de los consejos que me dejó, entonces me vuelvo a entusiasmar con la encomienda de dejar herederos a los hijos de mis hijos.

Hay dos definiciones principales de la palabra *legado*. La primera tiene que ver con «bienes materiales o posesiones que alguien le deja en herencia a su descendencia». La segunda definición tiene que ver con «valores, pensamientos y principios que igualmente se pasan a la siguiente generación». Cada uno de nosotros tenemos que tomar el tiempo para revisar cuáles son los valores que nos han definido porque, queramos o no, seremos recordados por esos valores. Este capítulo tiene que ver con el legado que desearía dejar a mis hijos, naturales y espirituales.

Con más de treinta y tres años de experiencia en el ministerio a tiempo completo y con más de medio siglo vivido, hay algunos conceptos que me definen y caracterizan. Al igual que mi papá, creo que la herencia más importante que

NUNCA PEDIRÍA DE OTRO ALGO QUE NO ESTUVIERA YO DISPUESTO A VIVIR.

pueda dejar a los líderes y cristianos de hoy no será monetaria, sino en actitudes que deben definir nuestra vida. Actitudes que se convierten en hábitos, que luego se hacen parte de nuestra manera integral de vivir. Ya ni los pensamos, solo los practicamos porque se han convertido en las actitudes fundamentales que guían nuestra vida.

Existen muy buenos libros que hablan sobre las actitudes y los secretos del liderazgo, y no pretendo volver a definir algo que por mucho tiempo ha sido excelentemente explicado. Bastaría con solo buscar un buen libro al respecto y refrescar la memoria. Uno de los mejores libros que leí al respecto es de John C. Maxwell titulado *Lo que marca la diferencia*. Él nos aconseja que convirtamos la actitud en nuestra posesión más valiosa. La actitud, advierte Maxwell, es el gran facilitador, ya que nuestra actitud, buena o mala, podría determinar si tendremos éxito o fracaso. Si no decidimos bien en cuanto a las actitudes que abrazaremos, esa mala decisión hará la diferencia en lo que respecta al final de nuestra vida.

La pregunta que me hice al empezar a escribir este capítulo fue: ¿cuáles serían las actitudes que más me gustaría ver en mis hijos en la fe? Para contestar esa interrogante me tuve que preguntar cuáles eran las actitudes más importantes para mi vida. Me pregunté cuáles serían las actitudes que he demostrado a través de mis acciones y ejemplo, ya que nunca pediría de otro algo que no estuviera yo dispuesto a vivir. Llegué a cinco ejes en los cuales considero que han girado los engranajes de mi vida.

Las cinco actitudes más importantes para mí las presento a continuación.

JAMÁS DEJES DE APRENDER

El único día que es válido dejar de aprender es el día en que muramos. Pero mientras tengamos vida, debemos buscar cada oportunidad para aprender. Es increíble pensar que la mayoría de nosotros nos vamos a la tumba con el intelecto sumamente subdesarrollado. Podemos ser muchos que estamos vivos, pero muertos intelectualmente. Dejamos de leer, dejamos de investigar, dejamos de cuestionar, dejamos de indagar, dejamos de preguntar. Simplemente entramos en un receso mental al estilo «piloto automático» en los aviones, donde la computadora hace todo el trabajo y los pilotos se quedan dormidos al mando. De hecho, existen varias historias trágicas en las que los pilotos se han quedado dormidos al mando, mientras el piloto automático voló a todos a un trágico destino eterno. Muchos líderes están llevando a sus seguidores a un triste final solo porque no están dispuestos a seguir en control del timón. El dejar de aprender es una fórmula segura para terminar en el fracaso.

¿CÓMO EVITAR QUE EL ESPÍRITU DEJE / CESE DE APRENDER?

1. No sea un sabelotodo. Entérese de que hay muchas personas a su alrededor que saben mucho más que usted. Tenga la inteligencia para acercarse a esas personas y aprender todo lo que pueda. Si usted es la persona más brillante e inteligente en el grupo que siempre frecuenta, entonces debería buscarse otro grupo donde haya personas más inteligentes que usted, personas que lo desafíen y lo cuestionen. Esto nos estira y nos agudiza intelectualmente.

> ## SI USTED ES LA PERSONA MÁS BRILLANTE E INTELIGENTE EN EL GRUPO QUE SIEMPRE FRECUENTA, ENTONCES DEBERÍA BUSCARSE OTRO GRUPO.

2. Escuche agresivamente. Si es la persona que siempre está hablando en el grupo de personas que lo rodean, es posible que usted haya dejado de aprender. Deles una oportunidad a los demás de tener algo que decir. En esos ratos cuando otros hablan, escuche atentamente y permita que la ocasión le enseñe algo. Se sorprenderá de las cosas que podemos aprender cuando hacemos un silencio.

3. Mantenga un compromiso de honrar a otros. El honrar y reconocer lo que otros están logrando es un gran paso para mantener un espíritu que aprende, porque al honrar a otros, decimos, en efecto, «No soy el único que obtiene resultados en su liderazgo». El reconocer que otros también tienen éxito, nos posiciona para poder aprender de esas personas. Si solo estamos impresionados con el trabajo que nosotros mismos estamos haciendo, lo más probable es que hayamos dejado de tener un espíritu que aprende. Vea a su alrededor. Haga una lista de los nombres de aquellas personas que usted admira y honra. Si esa lista es cortita, debe pedirle al Señor que le dé un espíritu que se mantenga aprendiendo.

4. Permita que le cuestionen. Hay algunos líderes que piensan que nadie les puede objetar ni tener una opinión distinta a la de ellos. Típicamente, esos son líderes muy inseguros y peligrosos. El que tiene un espíritu dispuesto a aprender permite que los demás le cuestionen el porqué hace esto o aquello. Las personas que quieren seguir aprendiendo son aquellas que no solo permiten que les cuestionen, sino que piden ser cuestionadas. El tener la oportunidad de ser cuestionados nos estira intelectualmente.

Una práctica sencilla que podemos emplear en nuestra vida para siempre mantenernos aprendiendo es desarrollar un sencillo «plan de crecimiento personal». Este plan, en torno a nuestra vocación, puede ser útil para crecer constantemente y mejorar en aquello que hacemos. Es un plan que funciona para todas las disciplinas, artes o ciencia:

- Lea todo lo que pueda sobre su vocación.
- Asista a eventos donde le enseñen dinámicas relacionadas con su vocación.
- Búsquese un mentor en el área de su vocación y pídale que le dé asesorías esporádicas.
- Practique continuamente su vocación. La mejor manera de aprender es en la práctica.

Al inicio de esta sección comenté que el único día que se permitía dejar de aprender era el de nuestra muerte. De hecho, si dejamos de aprender, moriremos... en vida.

SER SIEMPRE AMABLE CON LAS PERSONAS

No me explico por qué hay tantos cristianos tan bravos con la gente. Tampoco entiendo por qué sentimos tener el derecho de utilizar la Biblia como una herramienta de golpes. Versículo tras versículo se utilizan en contra de las personas que no piensan igual a ellos. Los que golpean con la Biblia con frecuencia se justifican con la frase de que están «defendiendo el evangelio». Mi comentario al respecto es que el evangelio no requiere de nuestra defensa. Se defiende por sí solo. Si dependiera de nuestra defensa, entonces sería

> MIENTRAS MÁS ALTO EN VISIBILIDAD NOS LLEVE EL SEÑOR, MÁS BONDADOSOS DEBERÍAMOS SER CON LAS PERSONAS.

un evangelio muy débil. Lo único que el evangelio requiere de nosotros es nuestra fe en, y obediencia a, Él. No utilicemos nuestra pasión por la Palabra de Dios como arma para golpear a aquellos que no la entienden de la misma manera que nosotros. Tampoco debemos ser ásperos y groseros con aquellos que mantienen un estilo de vida que se sale de los parámetros que establece la Palabra. El pecador sabe que es pecador. No hace falta que se lo estemos recordando.

Muchos creyentes piensan que el ser confrontativos es la única manera de ganar almas para Cristo. Lo único que consiguen es enajenar y alejar a los necesitados porque en esa confrontación no se percibe ni el amor ni la compasión de Dios. Se nos ha olvidado el versículo que dice que es la bondad de Dios la que nos guía al arrepentimiento (Romanos 2.4), no los golpes de Dios, no las confrontaciones de Dios, sino la *bondad* de Dios. Por eso envió al Espíritu Santo (el Consolador, no el confrontador) para guiarnos al arrepentimiento. Es la tarea del Espíritu Santo convencer a las personas de sus errores y pecados. Es nuestra tarea acercarlos al Espíritu Santo para que Él haga *Su* tarea. La falta de amabilidad con las personas únicamente las aleja de Él. Utilicemos el cariño y respeto como herramientas poderosas, ungidas por el Espíritu Santo, para ganar a nuestro mundo que tan golpeado está.

Mientras más alto en visibilidad nos lleve el Señor, más bondadosos deberíamos ser con las personas. Mientras más «posición» gocemos, más amables deberíamos ser con los demás. ¿Por qué hay tantos líderes que por el hecho de tener un poco de éxito en su trabajo piensan que eso les da el derecho de maltratar a la gente? Debe ser todo lo contrario. Jesús dijo las siguientes palabras en Juan 10.11: «El buen pastor su vida da por las ovejas». Si estamos dando nuestra vida a las personas, entonces que se note en la amabilidad que tenemos hacia ellas. Estos son algunos consejos para alcanzar ese fin:

1. Cuando hable con las personas, mírelas a los ojos. Esto las hará sentir valoradas y escuchadas. Además, lo ayudará a usted a no distraerse mientras le cuentan lo que desean decirle. Conocí a la esposa de un pastor que quise mucho, pero que tenía la malísima costumbre de estar siempre mirando alrededor durante cualquier conversación. Muchas veces tuve que repetir dos y tres veces lo que acababa de decir porque ella se distraía viendo todo y a todos menos a mí. Me sentía tan frustrado, y la única razón por la que nunca la reté fue porque le tenía mucho respeto, además de que me llevaba bastantes más años. Sin embargo, a esta edad de mi vida, seguramente le diría algo porque su hábito lo hacía a uno sentirse desvalorizado y poco importante. Ella ya se fue al cielo. Espero que su nuevo estado glorificado haya corregido esta mala costumbre.

2. Hágales sentir importante. Que sepan que lo que le están comentando o diciendo tiene importancia para usted. Interésese en lo que le están diciendo. Haga algunas preguntas para conocer más a fondo lo que le cuentan.

3. Muestre compasión. Muchas veces, sobre todo en el liderazgo cristiano, las personas nos quieren contar sus tragedias o luchas personales. En esas instancias, manteniendo siempre los parámetros de propiedad, abrace a las personas y muéstrese compasivo a su dolor. La Biblia nos llama a llorar con los que lloran (Romanos 12.15).

4. Organícese de tal manera que su equipo de trabajo pueda darles respuestas y soluciones a las peticiones de las

personas. Es imposible, como individuos, suplir todas las necesidades de nuestros seguidores. Sin embargo, podemos organizar a nuestros equipos de trabajo de tal manera que haya quienes respondan en nombre nuestro a sus necesidades.

Gozo de una bella amistad con los gobernadores actuales —mientras escribo— del estado de Durango, el señor Jorge Herrera Caldera y su esposa, la señora Tere. En varias ocasiones he sido invitado por la Primera Dama del estado para salir a ciertas áreas de mucha necesidad en el lugar, a repartir despensas y ropa. Me admiro de la manera en que la señora Tere se mueve entre la gente, abrazando, escuchando, preguntando y respondiendo a las necesidades del pueblo. La acompañan aproximadamente diez personas de su equipo de trabajo con tabletas de papel y plumas, tomando nombres y direcciones de aquellos a quienes la señora les ha prometido algo. Este equipo se dedica a cumplir las promesas de la Primera Dama. Ha sido un gran ejemplo para mí, tanto ella como individuo y ser humano, como su equipo de trabajo, la manera en que se interesan en los problemas de la comunidad y se esmeran por auxiliar al menesteroso. Así debería ser también el liderazgo de fe.

5. Sonría. Es posible que esta sea una de las herramientas más sencillas pero poderosas que podamos utilizar para mostrar la amabilidad. ¡Tan fácil que es sonreír y tan beneficioso que es! Cuando las personas nos ven sonreír, les da calma en el alma. La sonrisa invita a la paz y la bondad. Nunca ha habido un mejor tiempo para que los cristianos sonriamos más que ahora.

6. No haga acepción de personas. La Biblia es clara en sus instrucciones acerca de tratar con igualdad a todos. El apóstol Santiago nos advierte que no debemos dar preferencia a los que son ricos y visten elegantemente, y obviar a los que

SI GENUINAMENTE DESEAMOS LO MEJOR PARA LAS PERSONAS QUE NOS SIGUEN, SE NOTARÁ.

tengan aspecto de bajo condición. Muchas veces he sentido mucha vergüenza al ver a ministros, pastores y esposas de pastores hacer exactamente lo contrario a lo que nos ordena Santiago. Que el Señor redarguya nuestros corazones. Que abracemos a todos de igual manera. Que hagamos sentir a todos igual de importantes. Su estatus social no debería tener importancia alguna en nuestro trato con ellos. Somos pastores de todos, tratemos con deferencia y corrección a cada uno.

Por último, la amabilidad no es algo que podamos fingir. Si genuinamente deseamos lo mejor para las personas que nos siguen, se notará en esto y miles de gestos más. Se notará en nuestro estilo de vida y el trato que mantenemos con todos. Si tratamos de fingir la amabilidad, se notará a distancia y será chocante, ya que las personas sabrán que no somos genuinos. Cuando brota desde lo más profundo de nuestro corazón, se notará en todo lo demás que hacemos.

SER SIEMPRE ALGUIEN QUE PERSIGUE LA EXCELENCIA

La excelencia es un estado mental, un compromiso personal, una decisión moral. No tiene nada que ver con tener cierto nivel de habilidad, ni con sumas de dinero. Tiene que ver con nuestra actitud. Es hacer lo mejor que podamos con lo que tenemos a nuestra disposición. Es esmerarse y estar atento a los detalles que hacen destacar una obra, un acto o una decisión. La excelencia brota desde lo más profundo

LA EXCELENCIA ES UN ESTADO MENTAL, UN COMPROMISO PERSONAL, UNA DECISIÓN MORAL.

de nuestro ser, abrazada por el corazón y ejecutada con la mente.

Cuando lleguemos a nuestro hogar celestial, nos daremos cuenta de que el Señor no tiene premios para la mediocridad. Él solo premia la excelencia. En la parábola de los talentos (Mateo 25.14–30) vemos claramente el ejemplo de cómo Dios premia la excelencia. El único mediocre del grupo tomó su talento, escarbó un hoyo y lo escondió. Cuando vino el Señor a llamarlo a cuentas, le dio cualquier excusa del porqué había enterrado aquel talento. Excusas inválidas.

La mayoría de las personas que viven sin un compromiso de excelencia se la pasan buscando excusas para justificar su inacción. De hecho, una de las maneras seguras para identificar a los mediocres es por la cantidad de excusas que presentan. Mi papá una vez me dijo: «El camino al infierno está pavimentado con las excusas». En esta parábola, Jesús enseña que el que es mediocre (es decir el que esconde su talento) no tendrá parte con Él en Su Reino. El Señor toma en serio el que hagamos lo mejor con lo que tenemos en nuestras manos. De hecho, en la parábola misma, el amo sugiere que en lugar de escarbar el hoyo, lo mínimo que pudo haber hecho era depositarlo en el banco para que le dieran intereses. Es decir, haz lo mejor que puedas con lo que tienes en las manos. No nos apoyemos en las excusas, hagamos lo mejor que podamos.

En el periodo de 1983 a 1986, entré a varios estudios de grabación para plasmar algunas de mis canciones en cinta.

Cada vez que salía de alguno de esos estudios, sabía que Dios me iba a usar en la música y que, eventualmente, tendría que grabar algo que pudiera dar a conocer a todo el mundo. Sin embargo, esos inicios de proyectos no llenaban el requisito que yo sabía que debía tener un proyecto de grabación. Así que, a pesar de que en cada una de esas ocasiones invertí cantidades de dinero que jamás recuperaría con aquellas grabaciones, decidí no lanzar al público ninguna de ellas. Fue en mayo de 1986 que finalicé el primer proyecto que lanzaría al público, y de esa manera comencé, formalmente, mi carrera de grabaciones musicales. Tres proyectos grabé sin lanzarlos. ¿Por qué? Porque no estaban a la altura de mi código personal de excelencia. No cumplían con mi propio requisito de excelencia. Los escuchaba y sabía que podía hacer un mejor trabajo. No me hacía falta que algún crítico me dijera que estaban mal grabados. Yo mismo lo sabía. Por lo tanto, nunca los di a conocer. Sin embargo, la experiencia que adquirí haciendo esos tres primeros intentos fue invaluable para lo que llegaría a ser una larga y fructífera carrera en el mundo de las artes y ciencias de la grabación.

Abajo con las excusas. Arriba con la excelencia.

SER SIEMPRE ALGUIEN QUE SE CONSIDERA UN SIERVO Y ACTÚA COMO TAL

Dedicamos todo un capítulo en este libro al hábito de servir que debe tener todo buen pastor de las ovejas. Así que no hace falta redundar mucho más en el tema. Lo menciono aquí con el fin de incluirlo en mi lista de actitudes importantes que deseo que mantengan mis hijos en la fe. Además del deleite que hay en el servicio a los demás, y amén de que es un privilegio servir a otros, debe haber una actitud de servir a los demás. Si no existe la actitud, será servicio forzado y fingido. De nuevo, nos faltará genuinidad. La única manera

EL ESPÍRITU DE SERVICIO SOLO PUEDE BROTAR DE UN CORAZÓN HUMILDE.

de que sea genuino es abrazándolo como uno de los valores importantes que brotan de nuestro corazón.

El espíritu de servicio solo puede brotar de un corazón humilde. La humildad es uno de los frutos del Espíritu, de tal manera que si permitimos que Él reine en nuestro corazón, tendremos humildad en nuestra vida. No es algo que podemos adquirir o aprender. En el momento en que digamos tener la clave de cómo obtener la humildad, hemos rayado en la arrogancia. Hay una sola manera de poseer humildad en el corazón y es tener al mismo Espíritu Santo dentro de nosotros. Él nos ayudará a entender cuándo estamos siendo egoístas, autocéntricos o arrogantes. Su voz nos corregirá si nos permitimos escucharla. Por eso el apóstol Pablo nos advierte de no «apagar» al Espíritu Santo (1 Tesalonicenses 5.19), porque en nuestro interior nos está enseñando y recordando constantemente cómo debemos vivir y caminar. Cuando nos conducimos de forma arrogante con la gente, el Espíritu nos redargüirá. Pero si hacemos caso omiso de Su voz, lo iremos apagando. Llegará un momento en que ya no escucharemos Su voz y seguiremos viviendo en esa arrogancia. No seamos usted y yo de esos. Vivamos humildemente delante del Señor y de aquellos que nos han dado el honor de liderar.

SER SIEMPRE ALGUIEN QUE AFIRMA Y ANIMA A LAS PERSONAS

La afirmación es una de las mejores herramientas que tiene un líder para mover a las personas hacia un futuro mejor. Creo que aún nos falta comprender el poder que tienen nuestras palabras, como líderes, en las vidas de nuestros seguidores. Una palabra, hablada en el momento oportuno, tiene el poder de elevar a las personas como ninguna otra cosa. Puede construir en segundos lo que sin ellas se tardaría años. De la misma manera, puede destruir en segundos lo que se ha tardado años en construir. Es mi deseo que mis hijos en la fe sean personas afirmadoras. Que hablen palabras constructivas, no destructivas.

En Efesios 4.29 encontramos este mandato: «No salga de vuestra boca ninguna palabra mala, sino sólo la que sea buena para edificación, según la necesidad del momento, para que imparta gracia a los que escuchan» (LBLA). Las dos cosas que deseo destacar de ese versículo son las palabras «edificación» y «gracia». Eso define a los afirmadores. Edifican y llenan a los demás de gracia. Impulsan, animan, apoyan y les abren puertas a los demás. Ni siquiera les preocupa si reciben el crédito o no. Entienden que su mayor recompensa es ver el éxito de aquellos a quienes apoyaron. Aun si lo tienen que hacer en silencio y a la distancia. El gozo es saber que tuvieron algo que ver en que otros fueran usados por el Señor. Cuando uno es afirmador de por vida y por costumbre, tendrá muchas oportunidades de ver a Dios levantar a aquellos en quienes creímos.

En mi vida hubo muchos que creyeron en mí, me afirmaron, me abrieron puertas e invirtieron en mi vida. Aparte de mis papás, el primero en afirmarme con resultados impactantes y duraderos fue un músico y pastor llamado Pablo Casillas. Fue el primero en hacerme creer en mí mismo. Fue a él a quien escuché decir por primera vez, cuando yo tenía solo catorce años, que habría multitudes que cantarían mis canciones alrededor del mundo. Pablo no tenía idea del impacto que esto produjo en mi corazón, pero me formó el pensamiento y fortaleció mi determinación. La primera vez que me lo dijo, pensé que estaba delirando. Pero al paso de los años, Pablo siempre me animaba y hacía cosas concretas para abrirme puertas y darme oportunidades. Eso es lo que hace un afirmador: no solo dice palabras de ánimo, sino que cuando es oportuno, y dentro de su alcance, también abre puertas, pavimenta caminos y provee oportunidades y recursos. Esa es la clase de persona que siempre deseo ser. Esa es la clase de persona que Pablo Casillas siempre fue conmigo. Me invitó a grabar con él, me dio oportunidades de cantar con él en diferentes eventos, me invitó a tocar el piano con él. Eso es lo que hace un afirmador. No solo habla, sino acciona.

Un día, en el sur del continente, una periodista me preguntó lo siguiente: «¿Cómo quisiera usted ser recordado?». Nunca me habían hecho esa pregunta. Me tardé tres segundos en contestar. «Quiero ser recordado como alguien que le abrió puertas a los demás». Si el mundo se acuerda de mis canciones, qué bien. Si recuerdan mis melodías o grabaciones, perfecto. Si a alguien pude ayudar con mis predicaciones, libros y programas de televisión, pues me bendice mucho. Pero en realidad lo que más quisiera hacer con excelencia es impulsar a otros. Afirmar a otros. Proveer oportunidades para que sus vidas y ministerios prosperen. Es uno de los más grandes deleites que tengo en la vida. Hay pocas emociones que se comparen con la alegría de ver a uno de nuestros hijos en la fe cumplir el propósito de Dios para su vida. Deseo que mis hijos en la fe también experimenten ese gozo.

SOBRE TODO, LA JUSTICIA

Al ir finalizando este capítulo y también el libro me vino a la memoria un versículo que Miriam, mi esposa, dice con frecuencia. Es Miqueas 6.8 donde leemos: «Oh hombre, él te ha declarado lo que es bueno, y qué pide Jehová de ti: solamente hacer justicia, y amar misericordia, y humillarte ante tu Dios».

Cuando medito en ser justos pienso en los siguientes atributos: ser correctos, vivir en integridad, y que la honestidad, la honradez y el respeto nos caractericen. Emplear dignidad en nuestro trato con los demás. Hablar en favor de aquellos que no tienen una voz. Ser las manos, los pies, la boca y los brazos de Jesús en nuestro tiempo. Dar de comer a las viudas y a los huérfanos. Eso es lo que pienso cuando leo «hacer justicia».

No dudo que haya quienes leen esa frase como «hacer que todos cumplan con las reglas» y se autoasignan la tarea de ser la policía moral de la sociedad. Sin embargo, mi óptica no me permite verlo de esa manera, ya que no es mi llamado ser la policía de la humanidad. Confío más en que el Espíritu Santo haga esa tarea. Pienso que mi tarea es mostrar un ejemplo de rectitud (justicia) para que a través de mi ejemplo las personas puedan ver un modelo de cómo es una persona recta y justa. De esta manera, también cumplo con la otra encomienda de Jesús que declara en Mateo 5.16: «Así alumbre vuestra luz delante de los hombres, para que vean vuestras buenas obras, y glorifiquen a vuestro Padre que está en los cielos». Puedo lograr resultados mejores al simplemente brillar Su bella luz, que tratando de ser la policía moral del mundo entero.

LA GRAN CONCLUSIÓN

El mejor legado, impacto y la enseñanza trascendente que puede dejar un líder cristiano es una herencia de misericordia. Lo que hace al evangelio tan escandalosamente poderoso es la gracia. Como ya dijimos, aun corregir y disciplinar como hábitos del liderazgo son acciones que se ejecutan de la manera adecuada cuando emergen de un corazón misericordioso y humilde. Y es que resulta casi imposible pensar que haya personas que no amen la misericordia o que no admiren la humildad en sus líderes. Pero el simple hecho de

LO QUE HACE AL EVANGELIO TAN ESCANDALOSAMENTE PODEROSO ES LA GRACIA.

que el Señor nos manda hacerlo, en esas contundentes palabras del profeta Miqueas, significa que sí hay gente así. Hay líderes que nos olvidamos de ser humildes y actuar con misericordia.

Cuando nos enteramos de tantas escenas llenas de injusticias que existen en el mundo, causadas por una sencilla falta de misericordia, nos entristecemos. Yo lo hago, y bastante. ¿No recordamos que todo lo que sembramos cosecharemos? El que muestra misericordia, obtendrá misericordia.

Entiendo que hay quienes abusan de la misericordia. Sin embargo, prefiero errar por el lado de la misericordia que lo contrario. Si cometí el error de mostrar misericordia a una persona que no la merecía, el Señor juzgará mi corazón y bendecirá la misericordia que mostré. La persona que abusó de mi misericordia tendrá que rendirle cuentas al Señor acerca de sus abusos y fraudes. No me corresponde ser el juez de aquella persona. Además, le irá mucho peor cuando tenga que rendirle cuentas al Señor. Me toca mostrar misericordia cuando así lo dicta el sentir en mi corazón.

Quizá alguien diga: «¿Qué si la persona merece un castigo?». Todos merecíamos el castigo eterno y, sin embargo, Jesucristo pagó por nosotros la deuda para que pudiésemos vivir libres de la paga del pecado (Romanos 5.8). La misericordia por sí misma denota que no recibimos lo que merecíamos. Todos merecíamos la muerte, pero en lugar de darnos lo que merecíamos, pagó la deuda por nosotros y nos dio lo que no merecíamos: la vida eterna (Romanos 6.23). ¿Seremos

EL DÍA QUE CREAMOS QUE NOSOTROS SOMOS LOS ARQUITECTOS DE NUESTROS LOGROS SERÁ EL DÍA QUE DEJAREMOS DE CAMINAR EN HUMILDAD.

incapaces de hacer lo mismo para los demás? No agreguemos a las muchas injusticias que ya existen en el mundo al no mostrar misericordia a quien la necesita, la merezca o no. Amemos la misericordia.

Las personas que vivimos bajo el conocimiento de que todo lo que tenemos ha sido un regalo del Padre de las luces (Santiago 1.17), vivimos con un agradecimiento profundo que nos humilla ante Él. Bajo ese mismo parámetro debemos insistir en caminar a lo largo de nuestra vida. Conociendo que Su gracia, que no merecíamos, la recibimos de Su parte para caminar triunfantes y victoriosos. Una de las claves para mantener humilde nuestro corazón es vivir agradecidos al Señor por todo lo que ha hecho, hace y lo que hará en y a través de nosotros, y para vivir agradecidos hay que meditar continuamente en Su verdad y recordar de dónde venimos. El día que creamos que nosotros somos los arquitectos de nuestros logros será el día que dejaremos de caminar en humildad. Qué nunca se nos olvide que todo lo que tenemos, el oxígeno que respiramos y la vida misma se la debemos a nuestro Todopoderoso Señor que ha puesto todo de su parte para que tengamos vida en abundancia (Juan 10.10).

Sin la ayuda y compañía del Espíritu Santo, todo lo anterior no es nada más que buena información. Vivimos completamente dependientes de Él y de Su guía y dirección. Sin Él no podemos hacer nada. Cada día vivamos con el compromiso de reconocerlo a Él en todos nuestros caminos. Consideremos cuál es Su consejo, cuáles son Sus ideas y propósitos para nuestras vidas. Nos irá mucho mejor de esa manera.

> Que nunca te abandonen el amor y la verdad:
> llévalos siempre alrededor de tu cuello
> y escríbelos en el libro de tu corazón.
> Contarás con el favor de Dios
> y tendrás buena fama entre la gente.
> Confía en el Señor de todo corazón,
> y no en tu propia inteligencia.
> Reconócelo en todos tus caminos,
> y él allanará tus sendas.
> (Proverbios 3.3–6, NVI)

¡Qué privilegio es liderar!

REFERENCIAS

Capítulo 4. La provisión

1. Charles Spurgeon, *Discurso a mis estudiantes* (El Paso, TX: Casa Bautista de Publicaciones, 2003).

Capítulo 9. En medio de los vientos

2. Carl von Clausewitz, *Clausewitz on Strategy: Inspiration and Insight from a Master Strategist* (New Jersey: Wiley, 2002).

Capítulo 10. El regalo de la disciplina

3. Richard Foster, *Alabanza a la disciplina* (Nashville: Editorial Caribe, 1986).

MARCOS WITT

Marcos Witt es uno de los ministros más influyentes en la historia del cristianismo latinoamericano. Es presidente del Grupo CanZion, la mayor productora y distribuidora de música cristiana en español. Es autor de varios libros, fue pastor de la congregación hispana de Lakewood en Houston, Texas, y junto a John Maxwell fue el impulsor de Lidere, una iniciativa para formar líderes en América Latina.

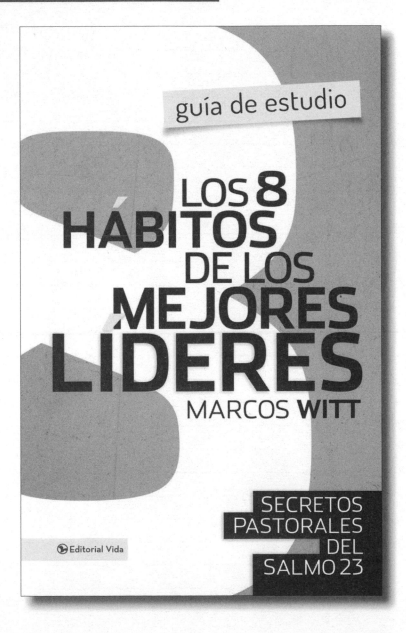

guía de estudio

LOS **8**
HÁBITOS
DE LOS
MEJORES
LÍDERES

MARCOS **WITT**

SECRETOS
PASTORALES
DEL
SALMO 23

Editorial Vida

MIS **REFLEXIONES** FINALES

MIS **REFLEXIONES** FINALES